＼ 全員が参加！ 全員が活躍！／

学級担任のための

学芸会
指導ガイド

日本児童青少年演劇協会
編著

明治図書

はじめに

　演劇は総合芸術と言われています。それだけ劇を創る活動は多様だといえるでしょう。脚本選び，台詞，音響，照明，舞台，大道具，小道具，それに歌やダンス等もあるでしょう。特にその道の専門家ではない教師が対応しなければならないのですから大変です。できれば避けたいという気持ちになるかもしれません。しかし，学校行事の中の教育としての劇づくりです。経験がないからといって避けてばかりはいられません。劇づくりには，日々の教科の教育活動だけでは達成できない活動のねらいがあるのです。また，劇づくりを体験することは，教師として大きな自信にもつながります。劇づくりを教育活動としてとらえ，できる範囲で教育効果をあげていければよいのです。

　「劇づくりに取り組んで，苦労はしたが，クラスがまとまりをみせるようになった」という話をよく聞きます。活動の中で子どもたち同士が理解し合い，協力し合い，助け合うことを自然に学び，やり終えた成就感をもつことで，心が育ち，集団が育っていったのだと思います。

　本書は劇指導に初めて取り組もうとする先生方のためのガイドブックです。劇指導のベテランの先生方が，自分の体験をもとに基礎づくりから練習の方法と劇発表まで，劇指導の流れに沿ってそのポイントをわかりやすく配し，執筆されています。しかも，単なる劇指導のノウハウではなく，教育の目標に沿い，演劇のもつ教育力に焦点をあて，子どもたちが主体的に協力し合いながら楽しく劇づくり活動に参加できるようにつくられています。子どもたちの表現力やコミュニケーション力が育てられるようなしかけや工夫も随所にあり，劇の発表までのプロセスに合わせて構成されています。そのことはまた，学級づくりにもつながっていくのです。

平成29年6月

　　　　　公益社団法人　日本児童青少年演劇協会　会長　森田勝也

もくじ

はじめに 2

第1章 学芸会成功につながるクラスづくりの基礎・基本

1 学芸会成功の土台は学級づくり 8
2 全員で劇に取り組む集団づくり 10
3 恥ずかしいという気持ちを乗り越える表現遊び 16
4 自己表現が苦手な子どもへの支援 22
5 自主的に表現活動ができるグループづくり 24
6 クラスが一つにまとまる意思決定の方法 26

コラム 劇づくりで育つ力 28

第2章 演技指導の前にやっておきたい学芸会準備

1 学芸会までのスケジュールとチェックリスト 30
2 子どもと教師にとってよい脚本選び 32
3 共通体験を生かした脚本づくり 36
4 子どもが主体的に取り組む脚本の決め方 38
5 脚本との出会いの演出方法 40
6 「からだ読み」で楽しむ脚本との出会い 42
7 台本を持たない最初の練習 44
8 裏方の大切さを伝えるアイデア 48
9 全員が納得する配役の決定方法 50
10 大道具・小道具の仕事内容と準備の方法 52

11　学芸会のねらい　54

12　学級での目標設定　56

13　学芸会の評価　58

14　保護者への連絡と情報共有　60

コラム　学芸会を成功させる5つのキーワード　62

第3章　劇の見栄えがよくなるピンポイント演技指導

1　みんなに聞こえる声が出る指導　64

2　脚本内容を理解させる読み合わせの指導　66

3　自然な演技を引き出す指導　68

4　台詞がないときの演技指導　70

5　子どものモチベーションを維持する指導　72

6　舞台を有効活用する演技指導　74

7　グループでの練習を生かす指導　76

8　舞台上で集団を上手に動かす指導　78

9　劇中歌の練習指導　80

10　ダンスの練習指導　82

11　盛り上がりのある舞台のつくり方　84

12　簡単で見栄えのする大道具のつくり方と小道具の準備のコツ　86

13　場面転換をスムーズに行うための指導　88

14　BGMと照明の効果的な使い方とスタッフの指導　90

15　本番成功が近づくリハーサルの指導　92

16　本番当日の教師の動き　94

コラム　保護者への心配り　96

第4章 クラスがもっと仲良くなれる学級活動アイデア

1 劇の台詞を使ってみよう 98
2 学芸会の役で生活してみよう 99
3 私は木です 100
4 カテゴリー・ドン 101
5 相談じゃんけん 102
6 変身じゃんけん 103
7 みんなで楽しく顔じゃんけん 104
8 グループジェスチャー 105
9 何やってるの？ 106
10 「○○しようよ！」「いいね！」 107
11 次は誰かな？ 108
12 即興表現を楽しもう 109
13 同じ仲間で集まろう 110
14 身近な素材でパペットをつくろう 111

コラム　創作劇のすすめ 112

付録　必ずうまくいく！学年別おすすめシナリオガイド

低学年

　　ことばあそび　あいうえお　114
　　あいうえおげきじょう　115
　　はたらく自どう車コンクール　116
　　アイウエオリババ　117
　　よかったね　118
　　おそれ山の赤おに　119
　　こうえんデパートオープニングセール　120

中学年

　　夏だ・海だ・出ぱつだ！　121
　　あやうし！にん者学園　122
　　ありの行列　123
　　よく晴れた朝に　124
　　タヌキのおん返し　125
　　ナマケロ　ナマケロ　126
　　こやぎのおるすばん　127

高学年

　　われら五年　やかまし組　128
　　友情のモニュメント　129
　　クラリーナ国の陰謀　130
　　風吹く夜に　131
　　アンドロイド　132
　　子どものまつり　133
　　雪童子　134

　執筆者一覧　135

第1章

学芸会成功につながる クラスづくりの 基礎・基本

1 学芸会成功の土台は学級づくり

> **すぐに使える指導ガイド**
> ・理解し合い，認め合い，協力し合える学級をつくる
> ・楽しいゲームで豊かなふれあいをつくる
> ・表現あそびは少人数からはじめる

 ## 「よい学級」とはどんな学級か

　学芸会は，みんなで協力して一つの舞台をつくりあげる行事です。学芸会を成功させるには，学級集団がよい状態でなければ成り立ちません。それでは，「よい学級」とは一体どういう集団でしょうか。様々な要素があると思いますが，ここでは以下の二つを挙げたいと思います。
　・互いを理解し認め合い，一人一人が大切にされている
　・同じ目標に向かって，みんなで協力できる
　劇は1人ではできません。互いを理解し，認め合い，協力する姿勢があってできるものです。そして，劇は表現の活動です。思い切り声を出したり身体を動かしたりするには，安心して自分を表現できる環境をつくる必要があります。楽しく自然に人間関係をつくるには，ゲームから入るのが最適です。

 ## いつのまにか人とつながる協調ゲーム

　ゲームと一言でいってもその種類は様々です。ここでは，競争をしたり優劣を競うゲームではなく，楽しくコミュニケーションをとったり，協調し合

えることを目的としたゲームを取り上げます。「仲良くしましょう」「協力しましょう」と言葉だけではなかなか伝わらないことも，ゲームを通すことにより，子どもたちは自然に交流を深め，互いを理解し，協力して何かをする楽しさや喜びを知ることができます。そうした経験が，劇づくりの土台となっていきます。この後にいくつかのゲームを紹介していますが，それぞれにねらいがあります。そのねらいを踏まえていればアレンジも可能ですので，子どもたちの反応を見て，多様なバリエーションを楽しみながら学級づくりをしていきましょう。

 表現あそびは段階的に組み立てよう

　ゲームを通して子ども同士のふれあいができてきたら，表現の要素を取り入れていきます。ただし，表現となると恥ずかしがったり抵抗感をもったりする子もいます。確かに，人前で声を出したり身体を動かしたりすることは勇気のいることです。恥ずかしがる子に無理を強いるのはよくありません。そこで，はじめはペアから，慣れてきたらグループで，最後は全員で……と段階的に行うようにする方法をおすすめします。1対1ではじめることにより，無理なく楽しみながら表現できるようになり，やがてさらに工夫したり，友だち同士で見せ合いたくなってくるでしょう。焦らず，無理をさせず，子どもたちの「楽しい」「もっとやりたい」という気持ちを引き出せば成功です。
　教師は子どもたちの表現をよく見て，笑ったり感心したりしながら一緒に楽しむようにしましょう。評価をする必要はありませんが，「面白いね」「上手だね」「なるほど」などといったプラスの声掛けは，子どもたちに自信をもたせ，よりよい表現を引き出すことにつながります。また，遊びの中で出た優れた表現や発想は，劇づくりに生かすこともできます。
　ここで紹介する協調ゲームや表現遊びなどの活動は，まとまった時間ではなく，朝の会や授業のはじめなどの時間に取り入れ，日常的に行うのがポイントです。その積み重ねが，学芸会を成功させる土台となります。

2　全員で劇に取り組む集団づくり

> **すぐに使える指導ガイド**
> ・ゲームを通して，身体と心のふれあいを増やす
> ・ゲームを通して，お互いを思いやる気持ちを育てる

 関係づくりのゲーム

①円をつくろう～並び替えゲーム～

　リーダーが下記のように示したお題に合わせて，1つの円をつくります。会話をしたり，無言で身振り手振りを使ったりしながら，コミュニケーションをとります。お互いを知ることと，居場所づくりを目的とするゲームです。
〈お題の例〉誕生日順，名前（苗字・名前・ニックネームなど）のあいうえお順，背の順，靴のサイズ順，家から学校までかかる時間順，など

②円で遊ぼう～手つなぎリレー～

　みんなで円になって手をつなぎます。スタートの人から順に隣の人の手をぎゅっと握り，次々と送っていきます。最後の人まで来たら，その人は「来た！」と叫びます。タイムを計って，みんなで徐々に記録を上げていくと盛り上がります。みんなで集中し，集団の一体感を味わえるので，メインの活動の前後に行うのもよいでしょう。応用編として，3周したらゴールとしたり，手をクロスさせてつないだりすると難しくなります。

③仲間を集めよう～拍手で集合～

　リーダーの合図で「せえの，パン（1回）」「せえの，パンパン（2回）」……と数を増やしながらみんなで拍手をしていきます。リーダーが「ストップ！」と合図を出したとき，その直前の拍手の数だけ集まってグループをつくります。慣れてきたらリーダーが「ストップ！」の後に下記のような条件を加えます。いろいろな仲間とかかわることができるゲームです。

〈条件の例〉男女ミックス，クラスミックス，男女クラスミックス，同じ（違う）血液型の人と，など

> **すぐに使える指導ガイド**
> ・グループ単位のゲームを通して，人間関係を深める
> ・誰とでもグループをつくることができるようにする

グループで遊ぼう

　グループを使って遊びます。比較的簡単な内容なので，グループのメンバーを変えながら様々な仲間同士と組めるようにすると，集団の人間関係が耕されます。

④グループじゃんけん

　全体を5～8組のグループに分けます。じゃんけんは身体全体を使ってポーズを決めて行うようにし，「グループで必ず揃える」という約束にします。10秒で相談して，一斉にじゃんけんをします。ポイント戦，勝ち抜き戦にする他，「多い勝ち」「少ない勝ち」も取り入れると相談に熱が入ります。

⑤じゃんけんレース・カモン！

　1組6人前後のチームをつくります。各チームから1人ずつリーダーを出し，自分のチーム以外の前の椅子に座ります。先頭から順番に自分のチームの前に座っているリーダーのところに行き，じゃんけんをします。勝ったらそのまま列に戻り次の人に交代，負けたらチームの仲間を「カモン！」と言って呼び，全員でリーダーの周りを一周してからもう一度じゃんけんをしに行きます。メンバー全員がじゃんけんを終えたチームから上がりとなります。

⑥ジェスチャーリレー

　少人数よりも，ある程度人数がいた方が（8〜12人くらい）盛り上がるゲームです。1つのチームが行うところを，他のチームは観客になって観ます。

　1列で並び，先頭の子以外は後ろ向きに座ります。先頭の子と観客だけにお題を知らせ，先頭の子から順番に，お題に示されたものをジェスチャーで伝えていきます。どんどん回すために，1人15秒ほどの制限時間を設けるとよいでしょう。最後の子まで回ったら，最後の子から順番に答えを言っていきます。

〈お題の例〉家具……洗濯機，冷蔵庫，鏡，掃除機，TV，など
　　　　　職業……医者，警官，スーパーのレジ係，アイドル，教師など
　　　　　季節の行事……（夏）すいかわり，海水浴，花火大会，盆踊り，
　　　　　　　　　　　　　　肝試し，など

> すぐに使える指導ガイド
> ・遊びを通して自然に協力し合う
> ・安心して表現できる雰囲気をつくる
> ・お互いに認め合う雰囲気をつくる

 もっとグループで遊ぼう

　グループでの遊びに慣れたら，表現の要素を取り入れてみましょう。即興で表現するものと，相談して行うものの両方がありますが，いずれも発表が伴います。「発表する・観る」という経験を積み重ねることにより「認める・認められる」という関係が育まれ，クラス全体に安心して表現できる雰囲気ができていきます。

　グループの人数は5〜6人くらいが適当です。次項の活動（3　恥ずかしいという気持ちを乗り越える表現遊び）よりも後に行ってもいいでしょう。

⑦**人間生け花**

　グループの中で順番を決めます。最初の子が前に出て好きなポーズをとり，静止します。次の子，また次の子……と順番に出てきてポーズを加えていきます。その際，必ず前の子の身体のどこかに触れることを約束とします。最後の子がポーズを加えると，「生け花」のように1つの作品が完成します。

　決めポーズで，教師が写真をとってあげましょう。

⑧だんだん

　グループの中で順番を決め，1人ずつ順番に舞台の端から反対側へと歩いていきます。そのときに，予めグループのメンバーにだけ知らされたお題（「だんだん〇〇になる」）を，順番が後になるほど大きく表現していきます。全員が歩き終わったら，観客はそのお題を当てます。

〈お題の例〉だんだん暑くなる，だんだん寒くなる，だんだん痒くなる，
　　　　　だんだん悲しくなる，だんだん笑いが止まらなくなる，など

⑨しりとりジェスチャー

　各グループに最初の文字を与えます。その文字から始まるしりとりを，グループの人数分相談し，1人1つずつジェスチャーで表現するようにします。

　発表タイムでは，メンバーが左から順に並び，観客の「しりとりジェスチャー・ドン！」の合図で，メンバー全員がそれぞれのジェスチャーを同時に行います。わかりやすくするために，リーダーは最初の文字を観客に示しておくのもよいでしょう。しばらくしたら，観客から順に答えを聞いていきます。

第1章　学芸会成功につながるクラスづくりの基礎・基本

3 恥ずかしいという気持ちを乗り越える表現遊び

すぐに使える指導ガイド

・表現することの楽しさと喜びを体験させる
・伝える・伝わる言葉の表現を工夫させる

 話すことと聞くことは，表現の第一歩

　まずは，進んで「話そう」「聞こう」とする意欲を引き出しましょう。授業の合間のちょっとした時間などにゲーム感覚で行い，言葉を使った子ども同士のコミュニケーションを積み重ねていきます。

①共通点探し

　2人組をつくり，1分間でできるだけたくさんの「共通点」を見つけます。時間が経ったら止めて，見つけた共通点の数を聞いていきます。特に多かったペアには内容を発表させてもよいでしょう。いろいろとペアを変えて行うようにしましょう。

　「どんな小さなことでもいいので，たくさん見つけよう」と声をかけると，知らず知らずに会話が弾みます。

　また，共通点を見つけることにより，仲間同士の意外な発見があったり，共通点を喜び合ったりすることができ，学級のよい雰囲気づくりにもつながります。

②私は誰でしょう

　言葉でコミュニケーションを取りながら推理をする，中〜高学年向きのゲームです。まず，動物がかかれたカードに紐をつけたものをクラスの人数分用意し，全員に配ります。自分では動物がわからないように，カードを首から後ろにかけます。スタートの合図で自由に歩き回り，出会った人に質問します。ただし，質問は1人に対して1つだけ，「はい」か「いいえ」で答えられるものだけです。

　最後に「私は〇〇（動物）ですか？」と聞いて正解したら上がりです。クリアした子は，まだ質問を続けている仲間の質問を受けたり，どうしてもわからない仲間にヒントをあげたりしながらサポートし，全員が正解したら終了です。カードにかく動物は，活動に適したある程度わかりやすい動物を選ぶとよいでしょう。（きりん，象，ライオン，わに，うさぎ，など5〜6種類が適当。）動物のほかに，昆虫や食べ物，学校の先生にしたり，また歴史上の人物など教科の学習と関連づけたりして行うこともできます。

> **すぐに使える指導ガイド**
> ・ペアやグループで身体を動かして表現をさせる
> ・工夫を必要とする表現をさせる

ペアやグループで表現

　表現することの楽しさを味わい，また，よりよく伝えるための工夫をする活動です。ペアからグループへ，題材も取り組みやすいものから工夫を必要とするものへというように，身体を動かして表現することへの抵抗感をなくしていけるよう配慮しましょう。そして，表現を通して互いの意外な面を知ったり，発想や表現の違いを認め合ったりして，よりよい学級集団をつくっていきましょう。

③ナイフとフォーク（ペア）

　2人組をつくり，リーダーから出されたお題を身体（ポーズ）で表現します。相談はせずに，即興で表現します。

〈お題の例〉ナイフとフォーク，机と椅子，ほうきとちりとり，花と花瓶
　　　　　　社長と秘書，アイドルと追っかけ，など

　「じっくりと考えるのではなく，その場でぱっと表現してみよう」と声をかけ，身体で表現することへの抵抗感をもたせないようにします。全てのペアが同時に行い，「見られている」という意識をもたせずに楽しく行うようにしましょう。その中でユニークな表現を取り上げたり，慣れてきたら全体を半分に分けて見せ合ったりすると，互いに刺激されてより豊かで大胆な表現が生まれてくるでしょう。

④ジェスチャークイズ（4～6人組）
　リーダーが出すお題に合わせて，グループでジェスチャーを使って表現する遊びです。「声は出さない」という約束を入れた方が，より動きの工夫が見られます。
　見ている子どもたちは，何を表現しているのかを当てます。
○ステップ1「何を食べているでしょう？」
　グループごとに出てきて，同じ食べ物をそれぞれが表現します。ここでは相談の必要はありません。
　〈お題例〉バナナ，ラーメン，ステーキ，寿司，ハンバーガー，など
○ステップ2「何の遊びでしょう？」
　グループごとに2～3分で相談をして，みんなで1つの遊びを表現します。
　〈お題例〉かくれんぼ，氷鬼，だるまさんが転んだ，野球，サッカーなど
○ステップ3「ここはどこでしょう？」
　グループごとに相談して，1つの場所を表現します。直接的な表現ができるステップ2に比べ，表現するための工夫がより必要となります。
　〈お題例〉満員電車，高級レストラン，バーゲン会場，図書館，など

> **すぐに使える指導ガイド**
> ・学級で活動イメージを共有する
> ・広い空間を使って，身体全体でのびのびと表現する

みんなで表現

　ペアやグループでの表現遊びに続き，クラス全体で楽しむ表現活動を紹介します。みんなでイメージを共有することにより，空間全体に豊かな想像世界が広がります。想像世界で一緒に遊べるようになると，表現することへの意欲や楽しさがさらに高まり，身体全体を使った大胆な表現も生まれてくるでしょう。

⑤**手の上の小人（低学年向き）**

　リーダー（教師）が「魔法使い」になり，子どもたちに魔法をかけます。「私は魔法使い。これからお前たちに魔法をかけるぞ。お前たちの体はどんどん小さくなり，私の手の上に乗ってしまうのだ……〇△□（呪文）……」

　子どもたちは，リーダーの両手の上に乗せられたと想像し，リーダーの手に合わせて動きます。例えば，斜めに傾けてみたり，ぐるぐる回してみたり，上から押さえつけてみたり，つまんだりくすぐってみたりと，リーダーの工夫によっていろんな動きで遊んでみましょう。慣れてきたら，魔法使い役を交代してみてもよいでしょう。教師はマントや帽子を被ったり杖をもったりすると雰囲気が出ます。

⑥イメージウォーキング（全学年向き）

　まず，ウォーミングアップとして空間を自由に歩き回ります。音楽をかけるなどしながら，ゆったりとした気持ちで歩くようにします。リーダーの合図があるとその場で静止し，また合図で歩き出す……ということを何度か行いながら，徐々に空間を広く使ってのびのびと歩くようにさせていきます。

　次に，リーダーは合図とともに，下記の例のようなイメージを示します。合図の後，各々がそのイメージをもって歩きます。次の合図で，リーダーはまた別のイメージを示します。

〈イメージの例〉朝の爽やかな森の中，暑い砂漠の中，通勤ラッシュの駅構内，画びょうがたくさん落ちている床の上，真っ暗な洞窟の中，宇宙空間，今にも割れそうな薄い氷の上，など

　何度か行って慣れてきたら，子どもにやってみたいイメージを言わせてもいいでしょう。ここで紹介したイメージは〈状況設定〉ですが，この他に「るんるん」「よろよろ」「いそいそ」などの〈重ね言葉〉で行うこともできます。全体を半分に分けて互いに見合ったり，グループごとに表現し，観客が何を表現しているかを当てるクイズ形式にしたりすることもできます。

4 自己表現が苦手な子どもへの支援

> **すぐに使える指導ガイド**
> ・7つの作戦で，自分の意見を言いやすくする

 意見を文字にしてみると，伝えやすい

①プリント作戦

「私は○○に賛成・反対です。理由は〜」と書いたプリントを用意します。子どもは賛成・反対に○を付け，理由を書くだけ。これで，自分の意見がまとまります。

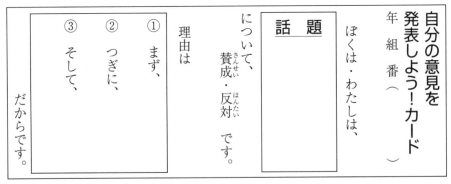

②鉛筆対談作戦

原稿用紙に，会話をするように文を書いていきます。2人でお互いに考えを書いていくだけなのですが，言葉ではうまく言えないことが，書いて相手に伝えようとすることで不思議と整理され，表現できるようになります。

動作にしてみると，伝えやすい

③ハンドサイン作戦

　「賛成」「反対」「質問」などを表すハンドサインを決めておくと，自分の立場を表すのに使えるので，だれもが自分の意見を簡単に示せます。

　手をひらひらさせる，手話の拍手を取り入れると，「賛成！」の気持ちを表現できます。話し合いの場が温かくなります。

④動作化作戦

　「賛成チーム」「反対チーム」「保留チーム」というように，意見ごとに場所を移動すると，意見が視覚的になるので，意見を言わない子も自然と自分の意見を表現できます。

 意見発表の方法を工夫してみると，伝えやすい

⑤レポーター作戦

　司会者がテレビレポーターのように，マイクを向けてインタビューする形で意見を聞いていくと，自然に意見がでます。

⑥大声競争作戦

　「賛成！」「反対！」などの意見を「せーの！」の合図で，大声で言うのも，全員が自分の立場を表現できます。

⑦劇表現作戦

　「もしも～だったら」という前ふりの後，賛成，反対に分かれ，それぞれ「こうなる！」という場面を演じてみます。言葉では言えない子も，演技だったら表現できる場合もあります。

5 自主的に表現活動ができるグループづくり

> **すぐに使える指導ガイド**
> ・日ごろから劇表現につながるゲームや，簡単な劇表現に取り組ませる

 協力するゲームや想像力を使うゲームで，心も通じ合う

①拍手回し
拍手を順に回していくゲーム。単純ですが，タイムを計ってあげたりすると，「できるだけ早く回そう！」という気持ちから，グループがまとまります。

②見えない縄跳び
回す人が2人。残りは跳ぶ人になり，見えない大縄を跳びます。しっかり見ながら跳ぶと，実際にはない縄が見えてきます。

③アヒル星人
オニはアヒル歩き，逃げる人は歩いて逃げます。オニにタッチされた人は，アヒル星人の仲間に。だんだんアヒル星人が増えて，人間が減っていきます。そのスリルを楽しむゲームです。

④いってらっしゃいオニ
2人組で前後につながります。オニが後ろの人の背中にタッチしたら，「いってらっしゃ〜い」。前の人が新しいオニになります。

相談して劇をつくると，心が通じ合う

⑤「あるつもり」で渡そう

　例えばひよこ，例えばウニ，例えばボーリングの玉，例えば納豆！
　あるつもりでいろいろなものを受け取り，そして回します。友だちの表現力を楽しんだり，想像力を働かせて受け取ったり，を楽しみます。

⑥しりとりジェスチャー

　15ページでも紹介した活動です。4〜6人のグループごとにしりとりを考え，それをジェスチャーで表します。グループごとに相談をするうちに，心が通じ合うだけなく表現の幅も広がっていきます。

⑦見立て遊び

　新聞紙などの身近にあるものを使って，別なものに見立てて遊びます。
　例えば，広げてエプロンやマント，丸めてバット，たたんで雑誌やラップトップパソコンなど。

⑧シャッターチャンス

　「桃太郎」「浦島太郎「かぐや姫」など，だれもが知っている昔話や，教科書の物語などを題材にして，そのお話の場面を作り，「ハイポーズ　カシャッ！」で表現。はじめは1枚から，慣れてきたら3枚にして，何のお話か当てっこするのも楽しいです。

6 クラスが一つにまとまる意思決定の方法

すぐに使える指導ガイド

・ゲームで雰囲気を盛り上げ，居心地のよいクラスをつくる

 クラスの目標を決める

　新しいクラスがスタートするとき，担任として「このようなクラスにしたい」という思いを，子どもたちの思いと一つにすることができたら最高ですよね。子どもたちの「楽しいクラスにしたい」という思いを意識させ，具体化させて学級ルールにつなげていくためには，劇表現が有効です。

①**歌や手遊びで始まるクラス**

　1日の始まりを，歌や手遊びで始めましょう。声を出すことで，身体や脳も活性化されますし，クラスの一体感も生まれます。

　例：『三ツ矢サイダー』
　　　『ウルトラマンの夜回り』
　　　『3センチの歌』
　　　『パフ』

②**「ふれあいゲーム」で，心の壁を取り払おう**

　ゲームの中で自然に身体がふれあえば，心の壁もいつの間にか取れています。

　例：『人間知恵の輪』
　　　『網を投げたぞ』
　　　『カルガモゲーム』

③「協力ゲーム」で，協力する楽しさを体験させよう

　協力して考え，課題を達成することで，仲間意識が高まります。
　　例：『広告パズルゲーム』
　　　　『ストロータワーゲーム』
　　　　『ストーリー組み立てゲーム』

　このようなゲームのいくつかをまずやって，楽しいクラスのイメージができると，子どもたちも「1年間，この雰囲気で過ごしたい」と思うものです。
　そこで，「先生はこのような活動ができるクラスにしたい。みんなはどのようなクラスにしたいのか，どのようなルールが必要か，意見を出して決めていってほしい」と投げかけます。ゲームで気持ちもほぐれた子どもたちは，よいクラスにしたいという思いから，どんどん意見を出していきます。

 ## 林間学校のグループの決め方をどうするか

　林間学校や修学旅行など，宿泊を伴う校外学習では，子どもたちが主体的にグループを決めることもできます。このときにも，生きてくるのが「劇表現」の経験です。
①相談して劇をつくる経験を通して，自分の意見を伝えたり，人の意見を聞いたりすることの大切さを体験的に学びます。
②意外な発想力や表現力を示す子がいると，評価が多面的になります。
③劇の発表に向けて，ゆずったり調整したりする必要を経験することで，「折り合いをつける」大切さを知ります。

　普段から劇活動に取り組んでいるクラスは，何かを決めなくてはならない場合も，自分たちでよりよい方法は何かを考えられるようになります。

コラム　劇づくりで育つ力

　劇づくりは教育活動のひとつですから，目標やねらいがあります。劇づくりを進めるうえで，どんな活動にどんな目標やねらいがあるのかを理解しながら指導することで，指導の流れやポイントも見えてくると思います。

①劇づくりを通しての「学級づくり」が基本となるスタンスです。演劇的なあそびが活動の主体になっています。

②脚本を通して表現力や協調性，そして創造性を育てるのが，主たる目標です。劇を発表するまでの仕事の内容や役割分担を通して，意識と意欲をもたせられる場にしてください。

③発表に向けての具体的な取り組みを通して，主体的に表現したり，工夫したりする力やまわりの人への配慮や支援ができる社会性を培うことが大きなねらいです。

　劇づくりを含めて，演劇活動の教育効果を示すと下図のようになります。

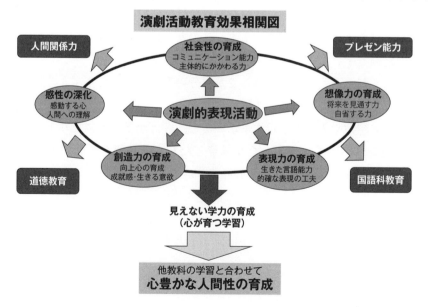

第2章

演技指導の前に やっておきたい 学芸会準備

1 学芸会までのスケジュールとチェックリスト

> **すぐに使える指導ガイド**
> ・見通しをもち，計画を立てて取り組む
> ・大道具は最小限だけにする
> ・係分担は，「みんなで創る」という意識を大切にする

 スケジュールはお早めに

　学芸会までのスケジュールは，とにかく早めに決めましょう。教師も日々の忙しさに，ついついギリギリになりがち。子どもたちのモチベーションを高めさせ，見通しを持たせるためにも，スケジュールを早めに決めておくことが大事です。

　計画は，指導する教師全員がしっかり共通理解をしておきましょう。

　次ページに，全体の指導計画の例を紹介します。（12時間扱い）

 必要な大道具・小道具の作り方

①**大道具は必要最少限に**

　ついつい凝ってしまいがちの大道具ですが，必要最少限に。たくさん作ってしまうと，出し入れのために芝居が止まってしまいます。

　布を使ったり，身体の見立てを上手に使ったりするのも有効です。

　段ボールや発泡スチロールなどの軽い素材で作ると移動が楽です。

　展覧会で使うレールのついた掲示板を使うと便利です。

全体の指導計画（12時間扱い）

時期 （時数）	項目	指導の内容	準備等
4週間前 (1)	オリエンテーション	・心構え ・劇表現を楽しむ	職員打ち合わせ
3週間前 (2)	全体説明	・練習計画を伝える ・あらすじを伝える	計画表 あらすじ
(3)	配役決定 （オーディション）	・役選びは，視点を明確に ・めあてをもつ	台本配布 舞台図作成
2週間前 (4)(5)(6)	場面練習	・場面ごとに担当を決めて練習と指導を進める	効果音 小道具作り
1週間前 (7)(8)(9)	全体練習	・立ち位置，視線チェック ・流れの確認を中心に	
(10)	リハーサル	・本番と同じ装置・衣装で	
(11)	本番	・楽しんで！　と声をかけ自信をもたせよう！	
(12)	振り返り	・めあての達成を確認	

②小道具の材料は，100円均一ショップがおすすめ

　小道具の材料はどうしようと悩むところですが，今はありがたいことに100円均一ショップがあちこちにあります。時間があるときにちょっと立ち寄って眺めていると，「あれも使える」「これも使える」とアイデアがどんどんわいてきます。一緒に指導する教師とあれこれ話しながら見ていると，イメージが共通になる効果もあります。ぜひ活用してみてください。

 係分担

　係には，大道具，小道具，衣装，照明などがあります。最近は，全員が舞台にあがる形式の脚本や演出が増えてきていますので，その場合は掛け持ちでの係となります。しかし，本人の意欲や状況によっては，専属の係を任せることも有効です。いずれにしても，「みんなで創る舞台」という意識を大切に，楽しんで，自分たちで考えて工夫できるようにすることで，主体的・自主的にかかわる発表会となるのです。

2 子どもと教師にとってよい脚本選び

> **すぐに使える指導ガイド**
> ・主題やテーマがはっきりした脚本を選ぶ
> ・既習の学習を深めることができる脚本を選ぶ
> ・子どもたちが自分で工夫できる「遊び」がある脚本を選ぶ

 上演の目標と照らし合わせてみましょう

　学校が「行事」を通して育てようとしている資質・能力は何でしょう。「豊かな表現力」「豊かなコミュニケーション能力」でしょうか？　あなた自身は学芸会を通じて，子どもたちに，どんな子に育ってほしいですか？「友だちを大切にできる子」「進んで協力する子」でしょうか？　その脚本に取り組むことによって，目指している教育目標は達成できますか？
　まず，目標と照らし合わせてみることが大切です。そして，舞台上で演じる子どもたちの姿を思い描いてみてください。そのイメージの中で，子どもたちが活き活きと輝いていれば，きっとその脚本は子どもたちがチャレンジするのに相応しい脚本なのだと思います。さらに具体的に考えていきましょう。

 子どもにとってよい脚本とは？

①主題やテーマがはっきりした脚本
　「本当の友だちってどんなもの？」「仲間って何？」「自然って大事だよね」

「人間の幸せってどんなもの？」など，脚本に込められているテーマにはいろいろあるでしょう。その脚本を演じることによって，多くの学びが得られる脚本は，主題やテーマが明確に示されている脚本です。子どもたちが身体と言葉と心を駆使して演じることによって，人として大切にして生きていく「価値あるもの」に目が開かれていく……。そんな脚本が理想ですね。

主題やテーマがはっきりした脚本を見つけるコツがあります。

---

①クライマックスを境にして悪しき者が倒されてよき者が勝利する，その構成が鮮やかなもの

②クライマックスを境にして主人公や登場人物の変容や成長がはっきり読み取れるもの

③クライマックスを境にして作中に流れていた価値観が鮮やかにひっくり返るもの

しっかりと構成され，主人公や登場人物がきちんと描かれた脚本と出会うことによって，学芸会は豊かなものになっていきます。

②既習の学習を深めることができる脚本

国語で学習した読解教材を題材にしたものや，生活科，総合的な学習で取り上げたテーマの発展として演じることができる脚本は，子どもたちの学びを深めたり，次の学びへと向かう姿勢を育てることができます。

③子どもたちが自分で工夫できる「遊び」のある脚本

劇中で子どもたちが集団で遊ぶ場面がいくつか盛り込まれた脚本を選びましょう。ここでいう「遊び」とは，ダンスや言葉遊び，クイズ，わらべ歌遊びなどが考えられます。子どもたちは，遊びの楽しさに引っ張られて，楽しく伸び伸びと演じることができるのです。

このタイプの脚本は，実は指導経験の少ない教師にとっても指導しやすいものです。次のページで詳しく説明します。

子どもたちが自分で工夫できる「遊び」のある脚本

　子どもたちが自分で「遊び」の場面を工夫できる脚本は，教師とってもよい脚本です。このタイプの脚本では，子どもたちが工夫をして，劇中の遊びが豊かに膨らむことで，劇も豊かになっていきます。劇中の遊びを成立させることが，劇の指導内容の多くを占めます。遊びは本来，子どもの主体的な活動ですので，劇づくりの過程でも子どもの主体性を最大限尊重した取り組みになるのです。指導というより，子どもたちから立ち上がってくるアイデアや遊びの交通整理をしてあげることが大切な仕事になります。劇指導の体験が少ない教師におすすめします。

　　例：表現遊び，劇遊びを楽しもう
　　　　『夏だ・海だ・出ばつだ！』　木村たかし　作
　　例：ラップやボディパーカッションの場面を創ってみよう
　　　　『みんなで歌えば』　百合岡依子　作

 上演の条件に合った脚本

①人数の増減が可能な脚本

　学年劇を上演する場合は，配役の増減が可能な脚本を見つけましょう。大人数で動くことで，舞台が盛り上がる脚本がおすすめです。

　　例：大勢の歌とダンスで盛り上げよう
　　　　『キャッツ・ストリート』　山本茂男　作

②3〜4つの場面で構成された脚本

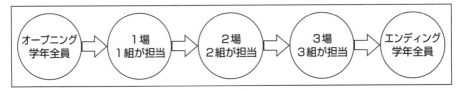

　学年劇を上演する場合は「学級オムニバス」の構成ができる脚本を選ぶと

よいでしょう。はっきりと３場～４場で構成された脚本ならば左ページ図のような構成が可能です。

各学級で分担した場面を練習します。同時並行で仕上げていけるので，効率的に練習をすることができます。

③**その他の留意ポイント**

脚本に記載している「対象学年」よりも１つ下の学年のものも見てみましょう。ぴったりの作品と出会うことが意外と多いのです。実際の予定上演時間よりも，少し短めな脚本を採用するのもポイントです。長めのものを削るよりも，元のものを膨らませる方がよくなっていく可能性が高いのです。

【チェックリスト】　その脚本は…

□あなたの学校の教育目標に適っていますか
□あなたの学年の教育目標に適っていますか
□あなたの学級経営の目標に適っていますか
□主題やテーマがはっきりした脚本ですか（主に中，高学年）
□インパクトのある「幕開き」の脚本ですか
□余韻の残る「エンディング」の脚本ですか
□子どもたちが自分たちで工夫できる「遊び」のある脚本ですか(主に低学年)
□グループで相談して自分たちで演技の工夫ができる場面が多い脚本ですか
□既習の学習を深めたり，広げたりすることができる脚本ですか
□学級オムニバスの形式で学年で上演できる脚本ですか
□学級，学年の人数に合わせて出演人数の増減が可能な脚本ですか
□学年で分担して指導していける脚本ですか（例：音楽担当，ダンス担当，大道具，舞台装置担当など）
□学校の舞台環境（舞台の広さ，ひな壇の活用など）で上演可能ですか
□子どもたちが楽しく活き活きと演じている姿を思い浮かべることができますか

※ここで紹介した脚本は，『子どもも保護者も大満足！　全員参加の楽しい児童劇脚本集』（明治図書）に掲載されています。

3 共通体験を生かした脚本づくり

> **すぐに使える指導ガイド**
> ・子どもに合った脚本は教師がつくる
> ・子どもたちの得意を脚本に生かす
> ・子どもたちの共通体験を脚本に生かす

 脚本を自分で書く，またはアレンジする

　子どもたちの集団の個性に合わせた脚本を教師が書いてみましょう。目の前の子どもたちに合う一番よい脚本になると思います。全部書くのが難しかったら，一部分をアレンジしてみましょう。

　「桃太郎」をアレンジして「太鼓太郎」。川に流れてくるのは，桃ならぬ太鼓。太鼓の中から元気な「太鼓太郎」が誕生。様々な楽器が得意な動物を仲間にして楽団を結成する。「鬼バンド」と「太郎楽団」の合奏対決をし，村の名物音楽祭になりました。

　ただし脚本には著作権があります。作者の方や，出版社に断って子どもたちに合わせてアレンジしてみましょう。作者の方にとって，作品を子どもたちが演じてくれることが一番うれしいことです。快くアレンジさせていただけると思います。

 好きこそものの上手なれ

　いくつかの脚本候補が見つかったら，子どもたちの得意を生かしましょう。

好きこそものの上手なれです。目の前のクラスの子どもたちは、どんなことが好きで、どんな活動を得意としているのかから脚本を選びます。

　例えば、音楽の授業で専科の教師から、「この学年の子どもたちは歌が好きね、２部合唱もできるかもしれないわね」などとほめられたら、歌が中心の脚本を探します。運動会のリズム表現が素晴らしかったら、舞台で踊れる脚本を探します。

 子どもたちの共通体験を生かす

　子どもたちが舞台で気持ちを込めやすくなるのが共通の体験です。

　海に遠足に行ったとします。磯採集の共通体験が、海の生き物になりきりやすくします。また工場の見学を生かしたら、近未来の秘密工場の様子をみんなで上手に表現できるようになるでしょう。

　逆にこれはいいなと思う脚本が見つかっていて、それがパン屋のお話だったとします。そうしたら体験活動で、実際にパン屋さんの見学に行ってみましょう。パン屋さんの仕事の様子を観察します。

　社会科の授業に生かせるだけでなく、学芸会の舞台表現が豊かになることまちがいありません。学校の周りを、ちょっと探検するだけでもいいかもしれません。

4 子どもが主体的に取り組む脚本の決め方

> **すぐに使える指導ガイド**
> ・子どものアンケートと話し合いを生かす
> ・子どもたちが場面づくりをする
> ・子どもの意見で舞台道具づくりをする

 ちょっと早めにアンケートを取る

　子どもたち自身が脚本を選んだ気持ちにさせましょう。子どもたちの意見を生かして選んだ脚本なら，子どもたちのモチベーションがアップします。
　「もしみんなが劇をするなら，どんなお話がいいかな」
①学校の出てくる劇　　　②動物の出てくる劇　　　③昔話の劇
④空想未来劇　　　　　　⑤笑える劇　　　　　　　⑥ジーンとする劇
など大きなくくりでいいので，学級・学年の子どもたちの演じてみたい劇の好みをリサーチしておきましょう。1学期の早い時期にアンケートをしておく。練習を始めるころには忘れてしまうぐらいがいいと思います。
　脚本決めは，グループで意欲的に話し合える題材です。同時に学芸会に向かうモチベーションもぐんとアップするでしょう。前記のアンケートをもとに，または教師の好みで数本の候補作品を選びます。グループで話し合って，このクラスのみんなで演じたら一番よさそうな作品を1つ選びましょう。作品と選んだ理由を，グループごとに発表しましょう。

児童創作でモチベーションアップ

　児童創作とは，ある場面を子どもたちがグループで相談し，脚本を書いたりせずに演じて創り上げる手法です。例えば，脚本に詳しく書いていないト書きだけの場面を「桃太郎とイヌ・サル・キジは，鬼とどんなふうに戦って勝つことができたでしょう」などと投げかけます。

　6～7人ぐらいのグループで相談して，それぞれの得意技を考えて，鬼退治の場面を創ってみましょう。楽しんで遊びの感覚でまずはやってみます。お互いに出来上がったものを見合って，それぞれのグループのよいところを生かしましょう。

 アイデア大募集

　場面だけでなく，一人一人のアイデアを募集します。例えば，「桃太郎が島から持ち帰った宝物には，どんな宝が入っていたでしょうか。また，村の人たちはそれをどのように使って喜んだでしょう」と，アイデアカードを全員に配り，絵や言葉で表現してもらいます。採用しなかった楽しいアイデアも，みんなの前で発表されるとうれしい気持ちになります。舞台道具のデザインのもとになり，エンディングで村人が喜ぶシーンにも生かせます。

5　脚本との出会いの演出方法

すぐに使える指導ガイド

・前置きなしで教師の演技を見せる
・毎日少しずつ子どもに読ませる
・子どもの歌に合わせて読んでみる

 サプライズ作戦

やはりサプライズでしょう。学年またはクラスの子どもたちを，何も言わずにちょっと広い教室に集めます。選んだお話の導入やクライマックスなど，教師で演じてみましょう。

「昔むかしのお話です。竹取りの翁がおりました。……根元の輝く１本の竹を切ってみると中から……」「なんと美しい子じゃろう」

準備された箱の中から，学年団の教師がジャジャーンとあらわれるのです。子どもたちが盛り上がることまちがいありません。

少しずつ作戦

　全部を読まずに，数日かけて物語を読んでみましょう。子どもたちは物語の続きが知りたくなります。お話の世界に入り込んだわけです。

　子どもたちがあまり知らないお話の場合は特に有効です。少しずつ脚本を読みながら場面を作ってみてもいいでしょう。脚本は身体を動かし演じてみて，その内容がより子どもたちに伝わる場合も多いものです。脚本をファイル形式にし，最初の場面を印刷して配り，読んで，脚本を持ちながら動いて子どもたちに演じさせてみましょう。「次の場面はまた明日」と期待させます。

　子どもたちは続きが楽しみで，次の練習が待ち遠しくなります。このとき子どもたちがいろいろな役を交代で経験することが，配役決めにも大いに役立つことになります。

 歌・ダンスから作戦

　脚本を子どもたちに知らせる前に音楽の時間などに歌だけ，体育の時間などにダンスだけ先に練習をしておきます。

　劇の中で歌のもつ力は，大きなものがあります。エンディングで歌う歌。オープニングで歌う歌。主人公の心の中を表現するような歌。何曲かあったら，先に練習しておくといいでしょう。ある程度子どもたちが歌えるようになったら，子どもたちの歌に合わせて劇の脚本を紹介していきましょう。

①子どもたちのオープニングの歌
②脚本の導入部分を読む
③子どもたちの挿入歌
④脚本の続き・クライマックスを読む
⑤子どもたちのエンディングの歌

6 「からだ読み」で楽しむ脚本との出会い

> **すぐに使える指導ガイド**
> ・登場人物になって劇遊びをする
> ・場面を想像しながら劇遊びをする
> ・登場人物に声をかけてみる

 「聞き・読みの方法」～脚本の読み聞かせのデメリット～

　一般的によく行われているのが，教室で教師が脚本を読み聞かせたり，子ども達が自分で読んだりする方法です。私はこの方法を「聞き・読みの方法」と呼んでいます。この方法のデメリットは3つあります。

> ①聞いただけの情報では，脚本の魅力や面白さについて実感をもてない。
> ②登場人物の心情や，場面の様子などについてのイメージをもちにくい。
> ③子どもたちの聞き取り，読み取りの力には個人差があって，学級（学年）の全員が，脚本の内容や面白さを理解することは難しい。

　学芸会は，子ども達が「言葉」と「身体」と「心」の3つを総動員させて取り組む学習です。そのままの脚本は，ただの文字情報に過ぎません。それを読み聞かせると「音声情報」となります。読み聞かせをすると，子ども達は音声情報としての脚本に出会うわけです。

　足りないのは何でしょう？　そうです。身体と心です。私がよく行っている方法が「からだ読みの方法」です。

「からだ読み」で脚本に出会わせよう

「からだ読み」とは，脚本の一場面を切り取って，その場面で遊ぶことです。遊ぶことには「楽しさ」が伴います。勿論，身体も潜らせることとなり心も身体も総動員して楽しく脚本と出会うことになります。例を3つ紹介します。

①登場人物になって劇遊び（低～中学年）

例えば，カエルがいっぱい出てくる脚本があるとします。教室をカエルの国にしてしまいます。朝起きて学校に行って，家に帰って寝るまでの1日を全員がカエルになって遊んでみます。言葉も全部カエル語にしてしまいます。

②場面を想像しなから劇遊び（低～中学年）

例えば，春夏秋冬，四季の場面が出てくる脚本があるとします。

子ども達と四季折々の出来事，自然の様子を表現して遊びます。

例：春＝春風，桜の花びら　夏＝お祭り，花火　秋＝キノコ，すすき
　　冬＝北風，動物たちの冬眠　など

子どもたちから出てきたイメージで遊びます。

③登場人物に声をかけよう（中～高学年）

作品に出てくる悪者のボスを紹介します。作品に出てくる失敗した主人公を紹介します。先生が演じる登場人物に，子どもたちが声をかけます。

7 台本を持たない最初の練習

> **すぐに使える指導ガイド**
> ・切り取る場面,取り上げる場面を選ぶ
> ・その場面を簡略化し,シンプルな課題を作る
> ・脚本が表現材としてもっている魅力に触れさせ共通のイメージをもたせる
> ・今後,楽しく表現活動に取り組んでいく期待感をもたせる

 「からだ読み」を使った練習

　練習のスタートは「丁寧な読み合わせ」というのが,定石中の定石です。それでもよいのですが「読み合わせ」という方法は,脚本のスタートからゴールまでを順番に点で結んでいく活動です。前項で紹介した「からだ読み」の方法を使った練習をしてみましょう。

　大切なことは,脚本で描かれている場面を「遊びや活動に再構成する視点」をもって脚本を分析することです。

 ○○委員会を作って場面を創ってみよう

①『うぐいすのおやど』(脚色　二見恵理子)の最初の練習

> あらすじ　山の中で道に迷った子どもたちは,うぐいすたちに屋敷に案内される。そこで夏,秋,冬,春と4つの不思議な座敷をめぐることになる。

学級（学年）を4つのグループに分け，それぞれ「春委員会」「夏委員会」「秋委員会」「冬委員会」と呼びます。子どもたちは，まだ脚本の内容は知りません。

教師：春夏秋冬，それぞれの季節で「きれいだな」「楽しいな」「すごくその季節らしいなあ」と思えることを3〜4つ見つけて，それを劇遊びで表現してみましょう。先生が旅人になって巡ります。見終わって「あ〜，○○って素敵なんだねえ」と言って感心できる場面を創ってね。

　子どもたちは，季節の行事や風物詩，自然事象の中から特徴的な事柄を選んで2〜3分の短い劇遊び（ストーリーはありません。その季節を身体表現で表します）をします。教室や多目的ホールなどを以下のように使って活動するとよいでしょう。

```
┌─────────────────────────────────────┐
│              秋エリア                │
│                                     │
│  夏エリア    教師＝旅人    冬エリア   │
│                                     │
│              春エリア                │
└─────────────────────────────────────┘
```

　相談と練習時間で30分，残りの10分位で順番に発表します。子どもたちが脚本のイメージを膨らませることが目的ですから，完成度は要求しません。当人たちがそのつもりで身体表現をしていればよいのです。

　教師（旅人）が部屋の真ん中にいて，各季節の委員会は，それぞれのエリアに待機します。教師が身体を向けたときに発表します。終わるときの決め台詞は「どう？　○○ってすごいでしょう？」と声を揃えて言います。

例：春委員会⇒優しい春風，つくしの子，ふきのとう，桜の花びら
　　夏委員会⇒夏祭り（お神輿や縁日など），花火，扇風機やクーラー
　　秋委員会⇒キノコ，すすき，爽やかな秋の風，読書やスポーツ
　　冬委員会⇒木枯らし，冷たい北風，スキー，冬眠する動物

　もしこの段階でよいアイデア，よい表現が出てきたら，実際に演じる劇の中でも採用してあげるとよいでしょう。

②『タヌキのおん返し』(作　蒔田敏雄)の最初の練習

> あらすじ　おじいさんとおばあさんに助けてもらったタヌキたちは，恩返しをしようと，泥棒ネコや山賊の様な身なりの侍を得意の変身の術を使って追い払おうとしますが…。

　学級を6つ位のグループに分けます。各グループを「変身委員会」と呼びます。子どもたちはまだ脚本の内容は知りません。
教師：皆さんは，タヌキです。タヌキと言えば化けるのが得意ですよね。ある日，悪いネコが魚を盗みにやってきました。さあ，タヌキは何に化けて，どうやって猫を追い払うでしょうか。また次の日にとっても悪くて強そうな山賊がやって来ました。さてタヌキは，何に化けてどうやって山賊を追い払うでしょうか。発表のときは，先生がネコの役，山賊の役をしますから，遠慮なく驚かせてください。1〜3班はネコ，4〜6班は山賊を追い払う劇を作ってみましょう。最後の決め台詞は「どうだ！　参ったか！」です。

　「何に化けるか」「どうやって脅かすか」だけを考えて表現すればよいので相談，練習時間は10〜15分程度でいいでしょう。全員がタヌキ役で，教師が相手役をするので短時間でも創作は可能です。この活動も脚本の中にある「変身」というシチュエーションを楽しむ活動ですので，完璧な出来栄えは求めません。互いに見合って，大笑いをしながら練習のスタートを切ることができればよいのです。もし，面白い変身のアイデアが出てくれば，実際の劇中でも採用しましょう。

③『ナマケロ　ナマケロ』(作　野口祐之)の最初の練習

> あらすじ　宇宙人ナマケロ星人が地球侵略にやって来ました。ナマケロ病の粉をみんなにふりかけて，みんなのやる気をどんどん奪っていきます。

　学級を6つ位のグループに分けます。各グループを「ナマケロ委員会」と

呼びます。子どもたちはまだ脚本の内容は知りません

教師：皆さん，大変です！　ナマケロ星人という変な宇宙人がやって来て，地球人にナマケロ病の粉をふりかけてしまいました。この粉がかかると，どんなやる気満々の人でも怠け者になってしまいます。この粉がかかって，やる気満々だった人が怠け者になってしまう短い劇を作ってみましょう。「誰＝どんな性格の人が，どんな職業な人」が「どんな風に怠け者になるのか」を表現してください。まず，やる気満々の場面を演じます。そこにナケロ星人役の先生が粉をかけますので，途端に怠け者になって続きを演じてください。

　相談，練習時間は10〜15分程度でいいでしょう。全員が「やる気満々の人」で，教師がナマケロ星人役をするので短時間でも創作は可能です。この活動も「やる気満々⇒怠け者」と極端にキャラクターが転じるという，脚本の中心的な魅力に触れて楽しむ活動ですので，完璧な出来栄えは求めません。互いに見合って大笑いができることでしょう。もし，面白い変身のアイデアが出てくれば，実際の劇中でも採用します。

※ここで紹介した脚本は，『子どもも保護者も大満足！　全員参加の楽しい児童劇脚本集』（明治図書）に掲載されています。

8 裏方の大切さを伝えるアイデア

すぐに使える指導ガイド
- 子どもとバックステージツアーに行く
- 教師がスタッフ募集ポスターを作る
- 係の子どもにスポットライトをあてる

 どんな係があるのツアー

　学芸会の係を決めることになったら，みんなでバックステージツアーをしましょう。ふだんは子どもたちだけでは入れない，舞台や体育館まわりに係の活躍するステージがあります。係の希望を聞く前に，みんなで見て回るといいですね。ステージ裏の通路や，舞台セットや山台（舞台上で腰かけるための台）などが置いてある場所。幕の開け閉めをする場所。音響や照明の調整室。衣裳部屋などを，順番にまわり，係の仕事も説明しましょう。

 劇はみんなの力でできている

　スタッフ大募集のポスターを作ります。それぞれの学校の事情で，劇の係（裏方）のやらせ方もちがうと思います。でも舞台で劇を発表するのに，大切だけどお客様からはあまり見えない様々な仕事があります。そして演じている子どもたちも，トラブルでもない限りそうした係がいることに気がついていないことも多いのです。作り上げる側になったことに感謝し，学校全体の舞台発表をささえましょう。

スタッフ大募集

- 大道具…大道具や背景などをセットしチェンジします。(若干名)
- 音響…劇に合わせて効果音を出したり,曲を流したりします。(若干名)
- 照明…劇に合わせてライトをあて,照明を変化させます。(若干名)
- 制作…衣装や大道具・背景などを作ります。(若干名)
- 誘導…観客を座席に誘導し,出演者を舞台に誘導します。(若干名)
- 伴奏…歌に合わせてピアノなどで伴奏します。(若干名)

 見えないところに光をあてる

　劇の最後に係の紹介を入れ,スポットライトをあてましょう。キャストの中で司会を決め,「見えないところで活躍した,係の仲間を紹介します。」
　「大道具係」と紹介したら舞台袖から姿を現し,スポットライトをあてます。同じように全部の係を紹介しますが,舞台上に出ていけない係はその場で手を振って挨拶をしましょう。「舞台で演じた仲間と,見えないところで演じた係と,みんなの力で創り上げました。ありがとうございました」と,キャストと一緒に挨拶をして幕をおろします。

9 全員が納得する配役の決定方法

> **すぐに使える指導ガイド**
> ・教師が配役しやすい脚本を選ぶ
> ・色々な役で読み合わせをさせる
> ・教師の責任で役に合う子を選ぶ

 人数を変えられるありがたい脚本

　マッチ売りの少女を6人が交代で演じたりするのは、見ているお客さんにとってわかりにくい劇になります。そこで、ありがたいのが配役の人数を多少増減できる脚本です。

　例えば赤頭巾ちゃんなら、3人姉妹の三色頭巾にしちゃいましょう。登場時間やセリフの多い役を、複数に変えられそうな脚本を探してみましょう。

　学芸会の劇を作るときに、けっこう頭を悩ませるのが配役（キャスティング）です。どんな役になるかが、子どもたちにも保護者にも気になる大きなポイントになっています。できるだけ、希望した役になれるような脚本選びからはじめます。

 色々な役で練習しよう

　みんなで脚本を読み合うときも、交代で色々な役を読むようにします。そこで教師は、役のイメージに合った子どもをひそかにチェックしておきます。また子どもたちには、「やってみたい役をいくつか見つけてね」と声をかけ

ます。少し上手に読めるようになったら，脚本を持ちながらでいいので動きながら演じてみましょう。声だけでなく身体の動きや表情など，身体全体の表現で役のイメージをつかむことができます。そして読み合わせと同じように，教師は役のイメージに合った子どもをチェックします。子どもたちにも自分の演じたい役をいくつか見つけるように声をかけましょう。

 ## 役の希望をとり，合う子を教師が選ぶ

　ここまでの練習をもとに，自分のやりたい役の第1希望をとります。黒板などに役を書き出して，その下に名前の磁石を全員に貼ってもらいます。希望者が多すぎる役があった場合，そこから他の役に移る機会をつくります。そんな調整をしても希望者が多かった場合には，希望者にその役を演じてもらいます。

　プロの役者の選抜とは違います。ですからオーディションではありません。役のイメージに合った人を選ぶことと，決して上手い下手ではないことをしっかり伝えます。そして希望の役になった子も，第1希望でなかった子も，いっしょに劇を創り上げる仲間として，お互いの気持ちを大切にするよう全員に伝えましょう。そして他の子どもたちの前でなく，私たち教師の前で演じてもらい，教師の責任で配役を決めます。

10 大道具・小道具の仕事内容と準備の方法

> **すぐに使える指導ガイド**
> ・大道具は高低差・奥行を意識して作る
> ・大道具・小道具作りは必要最少限に，あるものを活用する

 ### 高低差を作る

　舞台の上に高低差があるだけで，関係性を表す場面，動きを表現する場面が立体的になります。ひな壇の配置が一般的ですが，机を並べたり，脚立を使うなど，学校にあるものを有効利用してください。

 ### 奥行を作る

　釣りバトンから布を垂らしたり，衝立(ついたて)を立てる，中幕を使うなどすると，左右にある袖からだけの出入りではない奥行のある舞台が作れます。

 ### 大道具を作る

　実際に大道具を作る必要が出てくるものもあります。その場合は，軽くて移動させやすい材料を考えましょう。

①必要最少限に

　あれもこれも作りたくなりますが，ぐっとこらえて，必要最少限のものに絞りましょう。大道具がありすぎると，かえって雑然とした舞台になってし

まいます。

②**素材は軽い段ボールや発泡スチロールの板で**

　段ボールや発泡スチロールの板は，加工もしやすく軽量なのでおすすめです。着色も簡単ですし，紙を貼ったりもしやすいです。

③**キャスター付きが便利**

　私は保健室の衝立をお借りします。キャスターの付いた椅子などを使ってもよいです。出し入れがかんたんなキャスター付きが楽ですし，安全です。

④**見やすくダイナミックに**

　舞台の上では細かいところは見えません。色ははっきり，大きく，見やすく！　を合言葉にして作りましょう。遠目でどう見えるのかを確認しながら作らせることも大切です。

 ## 小道具を作る

　劇のイメージ作りのために大切なのが小道具。できるだけ早い段階で実際に使うものを用意して身に着けさせることで，気持ちも動きもぐっと劇の世界に入っていきます。

①**あるものを活用して**

　小道具は，一から作ると大変。学校には利用できるものがたくさんあります。あるものを上手にリサイクルして作りましょう。

　　例：印刷機製版シートの芯→刀や鎌の柄などに
　　　　教材が入ってきた段ボール→武士の鎧やロボットの体などに
　　　　☆理科室の光源装置や送風機なども，小道具に使えることも。

②**100円均一ショップを活用して**

　100円均一ショップには，小道具の素材として使えるものがたくさんあります。ぜひ，活用してください。

　　例：アルミの保温シートを切って，キラキラした衣装に。
　　　　☆手芸屋さんやホームセンターも，同様に活用できます。

11 学芸会のねらい

> すぐに使える指導ガイド
> ・日常の教科学習では得られにくい教育の機会であることを知る
> ・心を育てる目標と見栄えをよくする目標を決める

 学芸会は，世界に誇る日本の伝統文化

「ねぇ，お母さん。私，○○の役になったの。絶対に見にきてね」

劇は，みんなで作るもの。役によって，一喜一憂する子どもたち。数ある学校行事の中でも，自分の出演場面に本人も保護者も関心が高いのは，それだけ，感動を与えるからです。世界に類のない日本だけの文化です。

学芸会は，日常の教科学習では得られにくい次のような効果があります。
・コミュニケーション力を育てる【徳】
・協力する喜びを味わう【徳】
・自己肯定感・自尊感情を高める【徳】
・自己を解放し，表現を楽しむ【徳】
・自ら考え，工夫できる取り組み【知】
・創造力・想像力を培う活動【知】

 具体的な目標が子どもを変える

①心を育てる目標例
　・相手が動きやすいように自分の動きを考えよう

- 友だちの表現でよかったところを見つけよう
- 演じ方や言い方をみんなで相談しながら一つ一つ決めていこう
- 自分が演じないときは，静かに待とう

②**見栄えをよくするための技術的な目標例**
- みんなに聞こえるようにセリフを言おう（ゆっくり，はっきりなど）
- 自分の役の表現方法を工夫しよう
- セリフのないときの動きを考え，セリフに反応しよう（立ちっぱなしで壁のようにならない）
- 出入りを工夫しよう（状況に合わせた登場の仕方や退場の仕方）

など，協力することでも，具体的に子どもに合わせた目標が大切です。一度では達成しなかった場合，繰り返し同じ目標を掲げても構いません。

 ### 終わった後の達成感・充実感を大切に

　学芸会は，大人になっても忘れられない行事の1つです。日常とは違った体験の中で，教科学習では見られない子どもたちの一面を発見することができます。成功した喜びが，自信につながり，自尊感情を高めます。学芸会で子どもたちは大きく成長します。1時間1時間の練習過程を大切にしましょう。やり遂げた後の充実感は，心を育て，次への意欲につながります。

12 学級での目標設定

> **すぐに使える指導ガイド**
> ・劇の内容に興味をもたせる
> ・かかわり合いを深めさせ，自分を見つめ直す機会にする

 何に興味関心をもってもらいたいか？

　子どもたちの様子を日々観察していると，様々な願いが出てきます。
　四季の移り変わりの面白さに気づき，味わってもらいたい。「食」は命の源。自分自身の食生活を見つめ直し，大切にしてほしい。ふだん意識していないものでも，大事なものがあることに気づいてほしい。
　その願いを動機に脚本を書いて，子どもに考えさせることもあると思います。
　場合によっては，子どもたちにテーマを投げかけて，子どもたちの考えやアイデアを組み合わせて，劇を創作してもよいと思います。
　劇の題材に興味関心をもち，深く追究していくことで，演技の本気度も高まってくると考えます。
　「六月のカレンダー」という劇を4年生とやったときに，雨（水）の大切さを話し合ったり，調べたりする活動にたっぷり時間を割きました。

 友だちとのかかわりの中で

　劇をつくっていく過程で，友だちと交流する機会が多くあります。演劇活動のよいところです。生活や遊びの変化で，あまり人とかかわらなくても，

過ごせてしまいます。かかわり合いが薄ければもめることも少ないですが，濃密な交流によって得られる喜びも味わえません。

　練習の際も，グループで協力してつくるなどの交流体験を大事にしましょう。教師がいつも先頭に立ってリードし過ぎると，子どもたち同士の交流のチャンスをうばってしまいます。気をつけましょう。
・人によって考え方が違う。違うからおもしろいことに気づく。
・友だちのアイデアや表現から学ぶ。いいところを探し，学ぶ。
・友だちとの演じ合いから，気持ちのキャッチボールの楽しさを知る。

 自分自身を見つめて

　演じることで，自分自身を見つめることができます。表現することは，自分の身体や気持ちをコントロールして，動かすことです。自分自身と対話することです。子どもに，自分との対話を意識させるといいでしょう。そして，目標をもたせるといいでしょう。
・肩に力が入ってしまったな。もう少し，リラックスしよう。
・人前でも堂々と声が出た。気持ちよかった。後，間を考えよう。
・難しいダンスのステップができるようになった。あきらめずにやれば，できるもんだな。

 活力を高めたい

・十分に遊んでいないので，欲求不満である。
・身体が緊張して硬くなっている。
・一つのことに夢中になって取り組むことが少ない。ねばりが足りない。
・受け身であることが多い。

　劇活動は，上記のような子どもたちに対して，効果があるのです。子どもの身体と気持ちを生き生きさせ，活力を生み出す力があります。

13 学芸会の評価

> **すぐに使える指導ガイド**
> ・「学校行事」として学校全体でふりかえる
> ・子どもたちにいろいろな方法で，ふりかえりをさせる
> ・保護者の感想も集める

 ## 「学校行事」としてのふりかえり

　まず「学芸会実施要項」の目標に照らして評価をします。学芸会という行事の「組織」「運営システム」「環境」などを評価します。アンケート用紙に，全教職員に書いてもらうとよいでしょう。

【評価項目（例）】

行事の目標／日程・時期／発表形式・プログラム・流れ・上演時間など／準備・当日進行・片付け（仕事分担や実際の運用）／練習計画・練習環境／予算・物品購入／その他

 ## 子どもたちの成長についてのふりかえり

①一貫して具体的な目標を掲げ続ける

　学級や学年目標として，取り組んでいる期間中を貫く明確な目標を示しておくと，子どもたちは迷うことなくふりかえることができます。

まるで本当に起こっている出来事の様に舞台の上で演じよう／本番（練習でも）でピンチがあっても，協力して乗り越えよう／「なりたい！」と願った自分になろう／思いや感動をお客さんに届けよう

②**多様な表現手段でふりかえる**

　子どもたちが楽しくふりかえることができるように，自己評価の方法は，様々なバリエーションがあるとよいでしょう。

日記／作文／詩／定型詩（5，7，7で）／絵画

　子どもたちから出てきた生の自己評価です。学年通信や学級通信で紹介したり，文集にしてまとめてあげたりすると，改めて自分たちで頑張った成果として実感し共有することができます。
　子どもたちから立ち上がってきた「自己評価」を元に「子どもたちの育ち」を具体的に捉え，改めて，教師側の自己評価を重ねてみるとよいでしょう。

 保護者のふりかえり

教師側のねらいを明確に示した上で，次のような方法があります。

自由投稿で感想を募る／「学校評価」の行事のふりかえり欄に書いてもらう／子どもが家庭で聞き書きインタビューをする⇒「どこがよかったと思う？」／学年や学級全体では？

　どんな評価でも大切なことは「行事はゴールではなく，通過点である」ということです。しっかり子ども，保護者，教師でしっかり共有して，翌日からの学校や，教室へとつながっていくものでなければ意味がないのです。

第2章　演技指導の前にやっておきたい学芸会準備

14 保護者への連絡と情報共有

> **すぐに使える指導ガイド**
> ・保護者に情報を伝えることで，協力を得る

情報を伝える

　子どもたちと同時に，保護者にも全体のスケジュールや現在の進行状況，子どもたちの様子などが伝わるようにしましょう。学級通信のように，「劇だより」を作ってもよいですが，リーフレットや本の形で最後にまとめられるようにしていくと，保護者にも読んでもらい，コメント（はげましの言葉）を書いてもらうなどの工夫ができていいかもしれません。

役決定の方法を知らせる

　保護者にとって，自分の子どもがどの役になったのか，また，役を決める過程がどうであったのかは知りたいもの。お便りなどの情報に，そのことをはっきりと書いて伝えることで，子どもの口からだけ伝わる場合に起こりがちな誤解を防ぐことができます。また，家族の会話を通し，決まった役に対する子どもの気持ちがさらに高まっていくことでしょう。

健康管理のお願いを忘れずに

　劇の練習が始まると，一番困るのが役の子どもの欠席。進行状況を伝える

とともに，子どもたちの心と身体の健康管理のお願いも忘れずにお願いしましょう。

 ### 見通しを示して協力を頼む

　劇をやる場合には，衣装や小道具など，ご家庭の協力なしではできないことも多いです。なんでも保護者に頼むことは避けたいものですが，必要最小限に絞って保護者に頼みましょう。ただし，突然「一週間後までに衣装を用意して！」などとならないよう，見通しを示して依頼することが重要です。そうすれば，保護者の方々も子どもたちと一緒に本番をワクワクして迎えてもらえるようになりますね。

 ### 保護者は一番の観客で応援団！

　お便りなどで情報を伝え続けることで，本番までには保護者の方々は一番の観客に，そして応援団になってくれるはずです。子どもたちに，自分たち以外の舞台を観るマナーを確認するときに，同時に保護者の方々に「楽しいときには思いっきり楽しみ，悲しいときには思いっきり悲しんで観てほしい」ことをお願いしましょう。きっと，保護者の温かい笑い声やまなざしが，演じる子どもたちを支え，力づけてくれます。

| コラム | 学芸会を成功させる５つのキーワード |

1．脚本はストーリー展開より，身体表現の展開を優先しよう。

　脚本選択に悩んだときは，子どもたちが楽しく表現できる場面展開ができるものを選びましょう。動きが大きく多いほうが，演じる子どもも観る子どももわかりやすく，しかもダイナミックな展開になります。

2．アクションよりリアクションをほめよう。

　中・高学年になると，台詞の多さでモチベーションもあがりますが，実はリアクションのほうで劇の質や面白さが高まるのです。その他大勢の子どもの参加意識も高まります。リアクションで自然と出るアドリブも大事にしてあげましょう。

3．集団で動かそう。

　学年で多人数を動かすのはグループ単位で考えましょう。事前の机上プランが大切です。先生方で共有し，分担しながら指導すると舞台上での子どもたちの整理もしやすいです。子どもたちでグループのリーダーも決めておくと効率的にもよいです。

4．舞台は１枚の絵と考えバランスのよい構図にしよう。

　いつ，舞台全体の写真をとられても構図がばっちりという舞台上の絵柄が大切ですし，集団をどう動かすかという指導のポイントにもなります。舞台装置に合わせて，子どもたち集団の形や色合いなど，全体をみながら指導することが大切です。

5．幕間を有効に使おう。

　暗転や舞台転換も劇の一部と考えて練習しておくことが大切です。BGMを使ってというのは定番ですが，暗転時に劇にかかわる内容で子どもたちにコメントを言わせたり，即興的な劇を見せたり，舞台転換をそのまま見せるというのも面白いです。先生や子どもたちでアイデアを出し合って幕間を有効に使いましょう。

第3章

劇の見栄えがよくなる
ピンポイント演技指導

1 みんなに聞こえる声が出る指導

> **すぐに使える指導ガイド**
> ・認め合い，学び合う関係を維持する
> ・「大きな声で！」は逆効果
> ・エクササイズで声出し練習をする

 身体と心の緊張をほぐす

「○○くん，台詞が聞こえません。もっと大きな声で！」
と練習中に注意すると，ますます声が小さくなってしまうことがあります。気持ちが萎縮して身体が緊張してしまうからです。大きな（よく通る）声を出すためには，身体と心の緊張をほぐすことが何より大切です。

緊張をほぐす手っ取り早い方法は，身体を動かすことです。例えば，首や肩をぐるぐる回す。肩甲骨を揺さぶるように，ジャンプを繰り返す。（声を出しながらやってもよい）みんなで鬼ごっこや大縄跳びなどの遊びを思い切り楽しむのもよいと思います。要は，リラックスした状態で練習に臨めるようにすることです。

 練習に臨む際の心がまえ

「もしまちがえたらどうしよう。笑われちゃうかな。」
「みんなの前で思い切り演じるのは，恥ずかしいな。」
といった不安があると，声も動作も小さくなってしまいます。次のような心

がまえを持って，劇の練習に臨むように語りかけるといいでしょう。
・思い切り表現しよう。エネルギーの出し惜しみはしない！
・お互いに丁寧に気持ちのキャッチボールをしよう。
・人の表現に対して茶化したり，馬鹿にしたりしない。

　お互いに認め合い，学び合い，成長し合う仲間なのだという信頼関係を築いていきます。この心がまえは，日常の学級経営にも深くかかわっています。

 大きな声よりもはっきりと発音することを意識しよう

　台詞をよく通る声で表現豊かに発声すると，劇の内容がお客さんによく伝わります。自分たちの劇を，楽しんでくれます。うれしいですね！　でも，「大きな声で！」を強調しすぎると，怒鳴り声になってしまい，逆に聞きづらくなります。「大きく」よりも，「はっきりと」発音するように指導しましょう。台詞は，内容と共に気持ちを伝えるものです。気持ちを乗せることを意識させたいものです。
・語の初めの一音が消えないように，発音する。
・語尾も，丁寧に発音する。
・キーワードを立てて発音する。

 声を出すエクササイズ

①何と言っているのかな？
　4，5人が前に出て，同時にそれぞれ違う言葉を言います。聞いている子は，だれが何と言っているかを当てます。言う言葉は，同じ音数にすると，聞き取るのがむずかしくなります。（例）たまご・タバコ・アナゴ・たいこ
②わっしょい！　そーれ！
　みんなで一つの輪を作ります。一人が「わっしょい！」と言ったら，みんなは，「そーれ！」と返します。「わっしょい！」は，順番に言っていきます。

2　脚本内容を理解させる読み合わせの指導

> **すぐに使える指導ガイド**
> ・役を変えて読み合わせを重ねる
> ・子どもの感想や質問を通して脚本理解を深める
> ・伝わる表現を考えさせる

 学年や脚本の質によって，読み合わせの方法は変わってくる

　低学年の場合，劇遊びをしているうちに，台詞もほとんど覚えてしまったということがあります。その場合，それほど，もとの脚本の読み合わせに時間をとらなくてもいいでしょう。子どもたちと劇遊びを重ねながら，劇をつくっていく過程を楽しんでください。

　中・高学年で，脚本を使って演じていくのならば，脚本の読み合わせは丁寧に行いましょう。脚本をさっと1回読んで，「はい，役の希望を出して」では，子どもは困ってしまいます。何度も読み合わせをして，十分にストーリーの構成や人物の性格などをつかませましょう。読み合わせで，各人がいろいろな役を経験しておくと，脚本全体の理解が深まります。

 子どもの感想や質問を交流して，内容を理解していく

　読み合わせでは，最初から最後まで読み通す場合もあれば，場面を区切って読む場合もあります。学級全体で読んだり，グループごとに読んだりします。目的に合わせて，選んでください。

初めての読み合わせが済んだら，子どもに感想や質問を書かせましょう。その感想や質問をいくつか選んで，全体で話し合う切り口にするとよいと思います。話し合うことで，脚本に対する共通イメージをもつことができます。
・季節はいつ？　朝？　昼？　晩？　ここはどこ？
・人物たちの年齢は？　どんな性格？
・だれとだれがどうかかわっているの？　互いにどう思っているの？
・なぜ，対立したの？　対立は，なぜとけたの？
　話し合いの様子や感想を学級通信などで紹介すると，練習に向かう意欲づけにもなります。

 台詞の表現を考える

　読み合わせ中，どう表現すれば，よく伝わるか？　を子どもたちにも意識させましょう。教師は，一人一人の台詞を聞きながら，チェックしていきます。
・言葉の最初の一音が聞こえているか？（フランスパン→ランスパン）
・アクセントは正しいか？
・話す速さはどうか？
・間をとっているか？
・言いづらい言葉はないか？
・キーワードは何か？　キーワードを立てているか？

 慣れてきたころの読み合わせ

　練習が進み，脚本を持たずに演技ができるようになったとき，読み合わせをするもよいものです。改めて，台詞一つ一つの意味や劇のテーマなどを確認することができます。
　慣れてきて，台詞の言い方がぞんざいになったときなどには効果的です。

3 自然な演技を引き出す指導

> すぐに使える指導ガイド
> ・パターン化された演技は不自然でつまらない
> ・本気を引き出すと場面が生き生きする
> ・視線を意識させることで不自然さがぐっと軽減する

 パターン化された表現から多様な表現へ

・大きく手をぐるんと回して「大きな〜」と言う。
・考えるときは，腕組みをして「う〜ん」とうなる。
　このようなパターン化された動作は，不自然に見えます。
　子どもたちといっしょに，表現の可能性を探ってみてください。もっと，表現をいろいろ工夫して，楽しんでほしいと思います。
　例えば，「おはよう」という言葉をどう表現するかを，発表し合うとよいでしょう。
・ピョンピョン跳びはねながら，ごきげんに「おはよう！」
・深々とおじぎをして，丁寧に「おはようございます」
・ちょっと手をあげて，ニヤッと笑って「おはよう」
・うつむいて歩いてきて立ち止まる。暗い表情で「おはよう」とつぶやく。

 その気（本気）になって演じること

　2年生を中心に「さるかに合戦」の劇をしたときに，1年生に「かきのた

ねの精」という役をやってもらいました。かにが，出発する場面で応援をするという設定です。

「やさしく育ててもらったかにさんにどんなこと言いたい？」

「さるにひどい目にあわされたかにさんをはげましてあげよう！」

などと声かけをして，子どもたちの台詞や動きを引き出し，場面を作っていきました。

「ぼくたちがしっかり応援しないと，かにさんが負けてしまう」

と言って，1年生は，張り切って演じていました。力強い応援でした。自分の役と状況を理解し，その気（本気）で演じたのです。

劇は，一人一人のその気（本気）が集まってできます。本気と本気が切磋琢磨すると，場面が生き生きしてきます。わざとらしさも消えていきます。

 視線を意識する

「おしりをむけないで。顔を前に向けて見せて」

と言いすぎると，みんな前に出てきて真正面を向いて台詞を言うようになります。不自然です。

（お弁当箱をのぞきこんで）「どれどれ，あ，レタスが1枚のこっている！」

という台詞を真正面を向いて，直立不動で言った子がいました。

「どこを見ているの？　何を見つけたの？」

と問いかけると，お弁当箱をのぞく演技をするようになりました。お弁当箱を横か後ろからのぞけばちゃんと顔も見えます。自然です。

また，別の劇でのこんな場面。大きなにんじんを掘り起こし，それを話題に言い合う場面。みんな後ろを向いて演じています。大きなにんじんが後ろに置いてあるからです。にんじんを前に持ってきただけで，問題は解消しました。前を向いて演じる必然性ができたからです。

「何（だれ）を見て，どう感じたのか？　そして，台詞はだれ（何）に向かって言うのか？」と，問いかけ，視線を意識させましょう。

4　台詞がないときの演技指導

すぐに使える指導ガイド

・台詞がなくても反応し合うと劇はおもしろくなる
・子どもたちに反応し合うと楽しいという実感をもたせる
・時には過剰な反応を抑える指導も必要になる

　　反応！　反応！　反応が劇をおもしろくする！

　台詞を言う子は一生懸命だが，周りの子はみんな無反応。ぼーっと立ったまま。そんな劇はおもしろくありません。不自然です。

　ある台詞をきっかけに，周りの子がどっと沸いたり，同調したり，反発したり，反応があるから，劇は立体的になっていくのです。盛り上がっていくのです。おもしろくなっていくのです。

　台詞のないときの演技（表現）をいかに工夫するか？　これは，演出の大切なポイントです。演じる子どもたちにも，意識させましょう。

「自分はだれで，どんな気持ちで相手の台詞を聞いているのか？」
と問いかけて，どんな反応をするか考えさせましょう。

・賛成か反対か？
・好ましいか好ましくないか？
・関心があるのかないのか？
・ちゃんと聞いているのか聞いてないのか？
　その気持ちによって，反応も変わってきます。
・どんな表情をするか？

・どんな姿勢や動作をするのか？
・どんなことをつぶやくのか？
　このような課題意識をもって，自分の演技プランを練るのも楽しいということを子どもに体験させたいものです。

 反応によってよくなっていくことを実体験させる

　実際に反応をしたら，よい場面になったということを実感として体験させるとよいでしょう。
　例えば，ピーターパンの登場シーン。

　AとBを比べると，明らかにBのほうが，ピーターパンの強さや海賊たちの気持ちが際立ちます。
　反応を意識して練習し，それを録画して見合うのもよいでしょう。

 反応を整理していく

　反応することを奨励していくと，場面によっては，反応がうるさく感じられることもあります。じっと黙って聴き入る姿勢も反応です。その方が焦点が絞られてよい場合もあります。反応を整理するのも大切な演出です。

5 子どものモチベーションを維持する指導

> **すぐに使える指導ガイド**
> ・自分たちで工夫した喜びは,教師の指導を上回る
> ・友だちの真似から表現は向上する
> ・工夫した表現には,おおげさに認め,ほめる

 一人一人に目標をもたせる

　学校劇は,子どもたちが成長する大きなチャンスです。自分が演じる役について,今できる精一杯のことに取り組ませます。目標は,個々に違ってよいのです。例えば,普段,話す声の小さい子が,観客に届くような声を出せただけでも,ご家族やその子のことを知っている保護者は感動します。

 教師が教えるより,自分たちで工夫させる

　場面や台詞が同じでも,演じる子どもによってその表現方法は,様々です。子ども一人一人に表現を工夫させ,その表現を認めてあげましょう。その表現が,周囲の友だちをうならせるものであったら,それは,自信と達成感に満ち溢れ,自己肯定感が大きく高まり,周囲にも大きな影響を与えます。

 互いに見合い,よいところは,真似してもよい

　自分が工夫した表現を真似されたら,「真似するなよ」と怒る子どもたち。

これでは劇をする意味がありません。「劇はみんなで作るもの」「みんなで素晴らしい学芸会に仕上げよう」を合言葉に，友だちのよい表現やアイデアは，みんなで共有することを，全員に伝えておきます。真似された子は，「損をした」という感情から「自分の表現が認められた」というプラス思考に変わり，もっとよい表現を考えようと工夫し始めます。みんなの心が一つになりみんなで作り上げた劇が完成します。独りでは得られない喜びと感動です。

 ### 子どもの工夫には，大げさに反応しよう

「教師は，よい観客」でなければなりません。子どもたちが，心を込めて演じている表現，奇抜な表現，個性豊かな表現をしたとき，大げさに反応してあげましょう。楽しい表現であれば，思い切り笑ってあげましょう。反応されることで，子どものやる気は倍増します。

 ### 少し上の課題を与えて，認めて，ほめて，励ます

いつも，ほめているだけでは，子どもたちは喜びません。個に応じた，ほんの少し上の課題は意欲を高めます。そして，新しいことに挑戦してできたときの喜びは，自信につながり，自己肯定感を高めます。教科学習では味わえない，貴重な体験です。それが，次への意欲につながります。子どもたちにとって，友だち同士で，見合って，励まし合って，話し合う活動は，教師に言われるよりうれしい活動なのです。

6　舞台を有効活用する演技指導

> すぐに使える指導ガイド
> ・舞台の上で遊ばせて空間感覚を養う

舞台は遊び空間だという気持ちで

「ねえ，舞台は広いんだからもっと大きく使おうよ」という注意をすることはありませんか。それまで教室等の場所で練習してきた子どもたち，初めての舞台練習に立つと，興奮と緊張が入り交じった高揚感があります。でも，なんとなく演技や動きが小さくなってしまうことがあります。限られた回数の舞台練習ですから，すぐに通し稽古をしたくなる気持ちを抑えて，しばらく子どもたちに舞台の上で遊ばせましょう。舞台空間の広さを知ってこそ，初めて舞台を有効に使うという意識になっていくのです。

鬼ごっこでもいいでしょう。おすすめとして，私がよくやるあそびは，「色のジェット噴射」です。

※色のジェット噴射

それぞれ舞台の上を歩きます。そして任意の場所に立ち止まります。その後各自，自分の好きな色のペンキの液が，自分の足の裏から吹き出してくるとイメージします。「さあこの舞台のあちこち，隅から隅まで自分の色で塗り尽くしましょう」と投げかけます。足の裏だけでなく，手のひら，おしりからなど，色が出てくる場所を増やしても全身で空間の広さを体験できます。また，「自分の声でうめ尽くそう」といって遊ぶと発声練習にもなります。

舞台上のバランスや空間を考えて構図を考える

よく「舞台は天秤と似ている」と言われます。舞台の中央を支点と考え，上手側（観客から見て右側）と下手側（観客から見て左側）のバランスを考えて構図を考えると，観客から見ても安心して見られ，有効な使い方につながる，という考えです。そのときは登場人物だけの動きではなく，大道具や背景の場所も考慮に入れて全体バランスを取れるように，動きや配置を工夫するとよいのです。

また，人物の動きなどでも，例えば舞台の奥行きを使っての動き方や，平台を重ねて高さを出し，高低差をつけての動きなどを入れると，動きがよりダイナミックになってきます。さらに許されれば，舞台の下のフロアー等も一つの舞台空間と考え，舞台下から舞台に駆け上がってきたりする動きなども一つの方法です。いろいろと遊び感覚で舞台を広げて考えることも大切です。

舞台の上での人物の並び方では，整列シーンなどをのぞいては，一直線にならないように，「八の字」や「半円上の弧」という基本を子どもたちに指導しておくことも大切です。

また対立の場面などでは，三角形に向かい合うような立ち位置の取り方等も教えておくと舞台が有効に使えると思います。

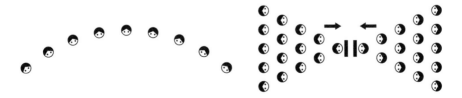

7 グループでの練習を生かす指導

> **すぐに使える指導ガイド**
> ・グループに活動を任せ，子どもの力を発揮させる

 グループの中での子どもの力を信じる

　学芸会における劇づくりにおいて，教師が一方的に指導し，作りすぎてしまうと，子どもたちの考えや工夫が入り込めなくなり，その作品は子どもたちのものではなく，教師の自己満足の産物にしかなりえません。

　子どもたちを信じ，子どもたちでグループをつくり，そこでのやりとりを劇づくりに生かしていくことを考えてみましょう。それは冒険かもしれません。教師が教えた方が，見栄えも完成度も高いかもしれません。でも，そこで子どもたち一人一人は能動的に劇づくりに向き合い，完成度よりもさらに大切な力と態度を身につけていくことでしょう。子どもたちのもっている力を信じて引き出しましょう。それはある部分，任せる勇気です。しかし，任せっきりではいけません。「つかず離れず」の気持ちで，各グループの子どもたちの練習をしっかりと見守り，適宜アドバイスを与えるという姿勢が大切です。

①**脚本の理解のために**

　脚本を一度みんなで読み合わせをしたら，グループで話し合いをしてもらいます。なぜ，この主人公はこのような行動にでたのだろうか？　この話の見せ所はどこなのか？　など，ある程度こちらから問題として掘り下げて考えてほしい点を列挙し，話し合いをさせます。

そして，それぞれの考えなどを出し合い，全体で交流していきます。そうすることによって，脚本の理解につなげます。

②ダンスの振り付けを考えてもらう
　子どもたちのリズム感は，もしかしたら私たち教師よりも高い場合があります。私は，いつも子どもが考えた振り付けをダンスに取り入れています。いくつかのグループでダンスのアイデアが出たら，みんなの前で発表し合い，よりよいものを全体で取り入れたり，いくつかのグループの案を合体させたりして，一つのダンスを完成させます。
　練習も子どもたち同士で見合い，教え合って振り付けを完成させていきます。ただし，立ち位置や動線等は，教師が教えた方がよいと思います。

③役づくりのために
　それぞれ同じ役同士や，ピース（場面）毎のまとまりでグループをつくります。そしてこの役のチームはどのような想いをいだいているのか，このピース（場面）でのそれぞれの役はどういう気持ちで台詞を言っているのか，などと，役づくりの上で予め深めてほしいことを投げかけておいて，グループ毎に練習をしてもらいます。
　教師は各グループの練習を順番に見に行きながら，アドバイスを与えます。各グループでの練習時間が確保され，余計な待ち時間をなくします。

④ビデオを使って
　自主練習や通しなどをビデオに撮って，見せてあげます。ビデオを見ると，お互いに自分たちの演技を客観的に観客の立場で見ることができます。そこで教師ではなく，それぞれのグループの子たちが演出家になり，よいところや直した方がよいところをお互いに言い合います。
　ここで大切なことは，お互いを認め合う中での批評のし合いは，愛情と信頼があってこそ成立するという根本姿勢をわかり合っていることが大切です。これがないとただの揚げ足取りになって創造性はありません。

8 舞台上で集団を上手に動かす指導

> **すぐに使える指導ガイド**
> ・立ち位置は子どもたちにもわかるようにする
> ・集団をいくつかのグループにして考える

 立ち位置は子どもたちにもわかるようにする

　脚本の理解もできて，自分の役の立場もわかってくると，子どもたちは，一人一人自分の表情や表現を自分なりに工夫して舞台に立つことができます。でも，子どもたちは，自分が舞台の中でどの位置に立っているのか？　つまり立ち位置についてはよく分かりません。舞台上での立ち位置の工夫や高低についての指示は，教師が与えてあげるのがよいでしょう。

　何も指示をしないで，多くの子が舞台にのって集団で演技をすると，観客の立場からみると，どうしても舞台が狭く感じ，ごちゃごちゃとしてメリハリが感じられなくなります。それでは，せっかく子どもたち一人一人が自分なりに生み出した表現も輝きません。

　すっきりとした舞台を作ることは，教師の演出の一つです。大道具等の配置や切り出し等を記入した舞台図をかき，それぞれの登場・退場の場所や動きを矢印でかき，立ち位置を子どもたちに示してあげることとともに，舞台上にビニールテープなどを貼って舞台

練習をしておくことも，具体的でわかりやすい方法だと思います。
　しかし，それ以上に，その集団はどんな状況でその場所にいるのかを，子どもたちがしっかり理解できていないと，「なんでそこ，笑っているの？集中してよ」などという注意を与えることになります。怒りの集団なのに，その中の何人かが，へらへらと笑っていては意味がありません。集団を動かす場合，その集団はどういう思いで動いているのかを子どもたち一人一人が理解しておくことがまず大切です。

 ## 集団をいくつかのグループとして考える

　集団を動かす場合，教師はその集団をいくつかのグループに分けて考え，そのグループ一つ一つの動きや動線を考えておきます。
　例えば60人が舞台上で絡み合うシーンを作りたいとき，これを12人ずつ5つのグループと考え，それぞれ5つがどう動けば，より効果的かシーンの盛り上げに最もよいかを，舞台図等にしっかりとかき込んで指導します。
　そして練習では，先ず5つのグループの中で，判断力やリーダー性のある子を1人ずつ選び，その子たちにはじめに舞台上で動いてもらいます。5人の動きにムリはないか，例えばA君が退場した後にCさんが出てくるとか，B君のすぐ出た後にDさんが出てくるとか，EさんはA君と同時に中央から出てくるとか，時間差や出方等も工夫してよりすっきりとした動線を作り，リーダーの5人に理解させます。その後，A君率いるAチーム12人，Bチーム12人というグループの子たちは，それぞれリーダーの動く通りに動いていくようにすると，集団の動きがすっきりと効果的になるのです。

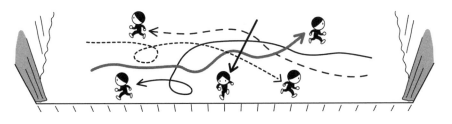

9 劇中歌の練習指導

> **すぐに使える指導ガイド**
> ・劇中歌は毎日，みんなで歌う
> ・早めに伴奏を準備する
> ・劇中歌の振り付けはシンプルにする

 劇中に歌やダンスを入れる理由

　劇中に歌やダンスを入れるのは，多人数を消化できるから？　そうではありません。たしかに，多人数で歌ったり踊ったりすると，楽しいし，盛り上がります。しかし，劇の中で，歌やダンスは意味があり，その場面に入る必然性があるのです。

　歌やダンスのもつ意味は，
・開幕や閉幕を印象づける
・場の状況や人物の性格などを伝える
・「大変険悪である」「とても仲良し」「力を合わせて乗り切ろう」など，人物の関係を表現する
・喜怒哀楽などの感情の高まりを表す
などのねらいをしっかり押さえ，指導していきたいと思います。

　ねらいによって，歌い方，舞台上の配置，振り付け，強調点などが変わってきます。劇の雰囲気を高めるために，歌やダンスを効果的に取り入れたいですね。

劇中歌はみんなで歌う,毎日歌う

　劇の中で歌う歌は,みんなで毎日歌うとよいでしょう。

　朝一番に歌うのも,気持ちのいいものですね。練習前に歌えば,発声練習になります。

　歌詞が頭に入っていないと,楽しく堂々と歌えません。完全に覚え切るように,何度も歌いましょう。子どもに脚本を渡す前に,先に歌の練習を始めてもいいのです。歌声を合わせることで,気持ちも合ってきます。チームワークよく活動するための準備体操のような役割にもなります。

 伴奏は早めに準備しておく

　発表のとき,歌の伴奏はどうするのか,早めに決めておく必要があります。できたら,本番と同じ伴奏で練習をした方がよいと思います。

　音楽の教師がピアノ伴奏をしてくれるのか? 既製のカラオケを利用するのか? 子どもたちで楽団を編成するのか? 手拍子やリズム楽器のみで,歌うのか? 子どもに演奏させる場合,その指導はだれがするのか? いつ練習するのか? 計画を立てる必要があります。

 歌に振りを付ける場合,シンプルに

　声を遠くへ飛ばすイメージで,歌います。目線が下に落ちていると,元気がない感じです。目線は正面かやや上を向いて,リラックスして歌います。

　歌の内容について話し合い,共通イメージをつくっておくとよいでしょう。

　歌に振り付けをつける場合もありますが,歌うことを第一に考えましょう。最初から最後まで踊っていたら,大変です。複雑な振り付けだったり,動きが激しすぎたりすると,歌がおろそかになってしまいます。歌の雰囲気を効果的に見せる振り付けを何カ所か入れるだけで,十分です。

第3章　劇の見栄えがよくなるピンポイント演技指導

10　ダンスの練習指導

> **すぐに使える指導ガイド**
> ・子どものアイデアをダンスに取り入れる
> ・いろいろなパフォーマンスを取り入れる

 子どものアイデアを生かしたダンスの振り付け

　ダンスの振り付けをぜひ子どもたちに考えさせてください。そして，子どもたちのアイデアを取り入れて，ダンスの構成を決めてほしいと思います。子どもたちは，「自分たちがつくったダンスだ！」という誇りをもって，主体的に練習することでしょう。
①４人～８人ぐらいのグループに分かれる。
②曲を流し，グループごとに，振り付けのアイデアを出し合う。
　（浮かんだ振り付けを身体で示し，みんなでまねをし合う）
③どんなアイデアが出たか，グループごとに踊って発表する。
④各グループの振り付けのどこがよかったか話し合う。
⑤おもしろいアイデアを組み合わせて，ダンスの構成を決めていく。

 イメージを豊かにもって

　劇の中で，どうしてここでダンスをするのか，理解した上で表現することが大切です。曲を聴きながら，ダンスのイメージを話し合うとよいでしょう。
・雨つぶたちが元気よく落ちてきて，合体して，大きな水流になるイメージ。

- カラスがかかしをバカにする雰囲気を出して。
- だんごむしがチョコマカと動き回っていたが，びっくりしてみんな丸まってしまった。

 子どもたちと振り付けを考えるときも，事前や途中でダンスのイメージについて考えを交流してください。

 いろいろな工夫を楽しんで

 集団で踊るからこそ，いろいろな工夫を楽しんでほしいと思います。
- 緩急をつける。強弱をつける。
- 動きが次々に伝わっていく。（となりの人を真似ていく）
- グループごとにちがう動きをして，山場では，全体で同じ動きをする。

 プロのダンスチームやアイドルグループのパフォーマンスを参考にしてもよいです。ただ，子どもの発達段階を考慮して無理のないようにしましょう。

 いろいろなパフォーマンスを取り入れながら

 「げんきもりもりいただきます」（作　野口祐之）という劇を例に挙げてみましょう。子どもたちに嫌われている食材が，自己アピールするためにコマーシャルを発表するという場面です。

①納豆はラップ調の歌とダンス

 「納豆食べるとネバーネバー，ねばーり強くなりますよー。ネバーネバーネバーネバー，ネバーギブアップ！」とシャウト！

②トマトは赤いまりをつきながら，てまり唄を歌う

 「とんとんとまと，リコピンピンピン，たべようじゃないか」などと，栄養面もアピール。

 他にも，和太鼓演奏，ボディー・パーカッション，ストンプなど，多様なパフォーマンスがあります。劇中に取り入れると，楽しく盛り上がります。

11 盛り上がりのある舞台のつくり方

> **すぐに使える指導ガイド**
> ・脚本の共通理解で，子どもたちに共通の思いを抱かせる
> ・一つ一つの役の意味を理解させる
> ・とにかくほめる。家庭にもほめたことを伝える

劇づくりで集団づくりの学習を

　担任としては，まず，学芸会にむけての劇づくりというのはどのような学習なのかということを考えておく必要があります。子どもは，劇という非現実の世界の中で，脚本を通して登場人物の生き方や葛藤を客観的な理解にとどまらず，「なることによって学ぶこと」で，プラスアルファの理解を得られる，いわば，生き方の学習になります。また，友だちとかかわり合いながら，一人一人が発表に向けてよりよい舞台にしようという目的意識をもって取り組む，集団創作活動への意欲的な態度と姿勢を育てることもできます。

　そのような過程の中で，一人一人が育ち，お互いに友だちのいいところを認め合い，まとまっていく，よい集団づくりの学習であるともいえます。

脚本の共通理解から一つ一つの意義づけを

　みんなでまとまり，盛り上がりのある舞台にしていくためには，「自分たちが取り組んでいる劇が楽しい」という共通の思いが一人一人の中にあることが大切です。そのためには，以下のポイントを意識して練習を進めてみて

ください。

①脚本の共通理解

　脚本の流れ，起承転結，山場はどこか？　登場人物の動きや心理状態等を，全員が必ず理解していることが大切です。

　台本を配り，役が決まると，子どもたちは，自分の台詞や動きはすぐに各自覚えてくることが多いのですが，それら一つ一つの台詞や動きが全体の中でどういう意味があるのかという理解をしないまま，通し稽古が行われることがよくあります。これでは，全体の流れやまとまりは生まれません。何回も全体を読み合わせして，脚本の共通理解をしっかりしてください。

②一つ一つの役に意味・意義がある事を理解させる

　脚本の全体の理解ができると，登場人物の絡み等がわかってきます。子どもたちは主役や台詞の多い役をやりたがりますが，台詞や出番の少ない役にも，その役がいなくては場面が成立しないということに気づかせることが大切です。一つ一つの役に意義があるのだと理解して練習に臨むことが大切です。

③盛り上がる場面はみんなで確認する

　「ここは盛り上がる場面だから，みんなもっと笑顔で」なんていうダメ出しをよく聞きます。教師だけがその場面を盛り上げたいと考えているから，そういうダメ出しが出るのです。ここも脚本の理解につながりますが，盛り上がりの場面はどこなのか，どうすれば効果的に表現できるか，例えば，歌やダンスをする場面であれば，どういう気持ちで踊っているのか，歌っているのかということを，みんなが理解し確認していることが大切です。

　そして，歌やダンスの練習は，毎日の練習のはじめに楽しくやりましょう。練習に向けてのボルテージも高まります。

④大いにほめ，家庭にも理解を

　練習中に少しでも上達していたり，いい場面があったら，それこそオーバーにほめちぎり，みんなのやる気を盛り上げます。また学級・学年通信等で保護者の方にも練習の模様や進行状況をお知らせして，家庭でも話題になるようにしていきます。

12 簡単で見栄えのする大道具のつくり方と小道具の準備のコツ

> **すぐに使える指導ガイド**
> ・色々な場面，状況に使える大道具をつくる
> ・衣装・小道具は早い段階で子どもに与える

 大道具で観客に劇の世界をイメージさせる。しかし主役は……。

大道具は，劇の世界を観客によりイメージしやすくするために大切なものですが，忘れてはいけないことは，劇の世界を作っていくのは，あくまで役者である子どもたちであるということです。

大道具にあまりに凝りすぎて子どもたちの演技より目立ってしまったり，あまりに多すぎたり大きすぎたりして演技の邪魔になったりしては本末転倒です。舞台の簡略化のために，どうしても必要な大道具を吟味準備することが大切です。

 色々な場面，状況に使える大道具をつくる

①椅子

何にでも使える椅子を作っておけば，それを色々な劇の場面で流用できます。発砲スチロールの固まりを削ったり，つなぎ合わせたりして子どもがゆったりと座れるぐらいの台を作ります。それに取り外し可能な背もたれを作っておきます。色は塗りません。背もたれのつけ外し一つで様々なシーンに利用できます。そこに色々な布をかぶせることで，さらに宮殿の椅子になっ

たり，大きな切り株になったりもします。発砲スチロールは軽くて移動しやすいので1〜2個ぐらい作っておくと便利です。

②可動式背景画

劇のシーンが4場面であれば，四角柱，3場面であれば，三角柱を組み合わせて場の展開を簡単にできる背景画を作ります。

例えば，3つの場面がある劇の場合，それぞれの背景画を考えます。これを子どもたちに考えてもらい画用紙に色をつけて描いてもらいます。そして，みんなでどの絵がよいかを投票で決めます。

3つの場面の絵が決まったら，それぞれの画用紙を横に三等分にして，切り離します。次にそれぞれの絵を白段ボールに写します。この作業は緻密さが要求されるので，放課後に教師が行ないます。白段ボールに下描きが描けたら，子どもたちに絵の具で色塗りをさせて乾かします。そしてそれぞれの場面の絵が描かれた画用紙をつなぎ合わせます。アの三角柱（底面はつけません）は下手側，イの三角柱は中央，ウの三角柱は上手側に配置します。

場面が変わる暗転のときに，舞台の子どもがそれぞれ三角柱をまわして背景を変えます。場面転換が迅速で簡単にできる大道具としておすすめです。

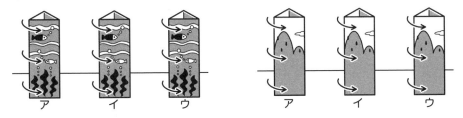

 衣装や小道具は早くから準備を

衣裳や小道具は，なるべく早い段階から，必ず持たせて練習した方がよいでしょう。練習用と本番用を作っておくのも一つの方法です。また持ち道具は，立って演技したり，待ちの演技のときに，なにか働きかけたりすることで手持ち無沙汰にならず意味ある動きがつくられることがあります。

13 場面転換をスムーズに行うための指導

> **すぐに使える指導ガイド**
> ・暗転時は，歌や BGM，ナレーションでつなげる
> ・ギャラリーや舞台下を使って，舞台空間を広げる
> ・大道具は，必要最少限にする
> ・大道具は，土のうの砂袋で押さえる

暗転時は，BGM やナレーションでつなげる

　脚本のイメージに合った音楽を静かに流すことで，前の場の雰囲気を観客がもったまま，次へと移ることができます。また，ナレーターや数人の登場人物にスポットを当てて，演技を続けることで，劇がそのまま展開されます。

ギャラリーや舞台下を使う

　舞台は，演じるための一つの場所ですが，体育館のフロアーやギャラリー，舞台下を使うと，空間を広く捉えることができます。例えば，舞台が峠だとすると，峠の山道をフロアーから舞台下に設定することができます。ギャラリーは，雲や木の上などと考えることができるでしょう。暗転時に舞台以外の場所を使って演技することで，暗転ではなく，劇をスムーズに次の場面へつなぐことができます。

大道具は，必要最少限にする

　体育館のステージは，奥行きがなく，舞台袖も子どもが待機していることがあり，大道具の入れ替えのない脚本を選ぶことが大切です。しかし，どうしても舞台転換が必要な場合は，裏返すと別の場面になるなど，大道具の工夫が必要です。大道具は，むやみに増やさず，舞台を構成する上で，子どもの演技を助けるためにどうしても必要なものに限りましょう。特に釣り物は，演劇上演用に作られていない体育館では，取り付けや外しに時間がかかり，プログラムの最初か，休憩の後にするなど，準備の時間が必要です。

　背景を作りたいときは，プロジェクターを利用して背面に映し出すこともできますが，ホリゾント幕がないことも多いので，映写についての効果は，あまり期待できません。

 大道具は，土のうの砂袋で押さえる

　大道具は，ベニヤ板や段ボールで作られていることが多く，安定して立たせるため斜めに垂木をつけているのを見かけます。このような大道具は，幅が広く，狭い体育館の舞台では，移動が大変です。大道具の高さや大きさにもよりますが，垂木を下にだけつけて，そこに，土のう袋に砂を入れたもので押さえることで，舞台転換での移動が，楽になります。置く場所は，学年で色分けしたビニールテープを床に貼って，目印にしておくと，配置もスムーズに行えます。安全面からも，大道具はしっかり固定しておきましょう。

14 BGMと照明の効果的な使い方とスタッフの指導

> **すぐに使える指導ガイド**
> ・効果音・BGM・照明は，子どもの演技を助けるために使う
> ・大きすぎる効果音は，劇をこわす
> ・音のタイミングは，早めに行う
> ・照明は，凝りすぎない。出せる色には限りがある

 ## 効果音・BGM・照明は，子どもの演技を助けるもの

　効果音と呼ばれる風の音や雨の音，小鳥の鳴き声などは，場面の状況を音で伝え，子どもたちの演技をやりやすくするためのものです。BGMも子どもたちの台詞に合わせて，その時の感情を観客に伝えるための補助的なものです。照明は，舞台効果を演出し，学芸会ならではの場面を作り上げます。しかし，演劇の舞台として造られていない体育館のステージでは，劇場のような効果は期待できません。子どもたちの表現を第一に考えて使いましょう。

 ## 大きすぎる効果音は，劇をこわす

　体育館では，講話用のマイクがあるだけで集音マイクのような音響設備はありません。学芸会では，子どもたちが元気な声を響かせて演技をしています。そこに突然，スピーカーから大きな小鳥の声が聞こえて来たらどうでしょう。違和感を覚えてしまいます。子どもたちの声に合わせた効果音の音量が重要です。落雷の音や宇宙人などが来るときの奇怪な音も同じです。大き

| ホール | 体育館 |

すぎる効果音は，劇を壊します。

 ## 音のタイミングは，早めに行う

　音の出るタイミングがずれると子どもたちの演技がストップします。たとえ3秒間音が出なかったとしたら，子どもたちは「アレッ？」と思い，5秒間でなかったら，きょろきょろして棒立ちになってしまいます。音のタイミングは，繰り返し行い，本番とスタッフが違う場合は，特に練習しましょう。

 ## 照明は，凝りすぎない。出せる色には限りがある

　体育館では，ホリゾント幕がなく照明の数にも限りがあります。スポットライトが2本あるのが，普通の学校です。フットライトは，前に置きますが，足元だけに色がついてあまり効果が期待できません。また，照明と衣装や大道具が同じ色になると打ち消し合ってしまいます。

　例えば，火事の場面で照明を赤にして赤い炎を出しても，炎の赤い色は消えて，逆効果になってしまいます。基本的に舞台全体を明るくして劇が進行できれば，学校では，それが一番よい劇のスタイルといえます。

15 本番成功が近づく リハーサルの指導

> **すぐに使える指導ガイド**
> ・おおげさな反応で，自信をもたせる
> ・アクシデントに反応できる力をつける
> ・照明や場面転換のタイミングの最終チェックをする
> ・全体を通すことで，違った面が見えてくる

 ## リハーサルで，自信をもたせる

　教師が，観客になって，子どもたちの劇を見ます。そして，大げさに反応をして，「よく頑張った。明日は，これまでみんなで作り上げてきた劇を，おうちの方々，知り合いの方々に見てもらって，楽しんでもらおう」と話します。終わった後は，一人一人に対して，よかったところを具体的に伝えて，自信をもたせます。気になることがあっても，直せないことは伝えません。よかったところだけを，大げさにほめることによって，本番への意欲が高まります。

 ## アクシデントへの反応の仕方を，リハーサルで伝える

　緊張して台詞を飛ばす。台詞を忘れる。小道具を忘れる。効果音が出ない。暗転にならない。大道具が倒れるなど，本番では，思わぬアクシデントが起こることがあります。例えば，「落ちないはずの木の実が落ちてしまい，次の台詞が言えなってしまったら，どうしますか」そんなときは，アドリブで，

「あっ，落ちた」「なんだ，くさってら」と言って退場。こんな機転が利かせられたらいいですね。でも，自分での解決が難しかったら，周りの子が助けてあげる，そんな場面を期待しましょう。ハプニングを起こさないためにも，リハーサルでは，それぞれの最終確認を念入りにします。

 照明や大道具などのタイミングやその時の動きを大切にする

　練習中は，場面ごとに指導を入れるため，通しでのタイミングがわかりません。大道具の出し入れや暗転などのタイミングをリハーサルで確認します。高学年では，自分たちでできるように係を決めていますので，本番でもスムーズに行えますが，低学年で，教師が行うときは，十分に打ち合わせをしたり，他の人にも見てもらったりして，確認しましょう。

 通すことで，違った面が見えてくる

　練習では，場面ごとの練習が多く，全体で通すことは本番が近づかないとなかなかできませんが，全体を通すことで，場面と場面のつなぎの部分が，よりはっきりと見えてきます。劇を途中で止めてばかりいるとそこから先が進みません。全体を見ながら通すことで違った面が見えてきます。リハーサルでは，全体の流れとともに，舞台に出ていない子の動きも含めて，始める前に，しっかりと確認してから始めましょう。

16 本番当日の教師の動き

> **すぐに使える指導ガイド**
> ・緊張をほぐして，声を出す
> ・衣装・小道具のチェックをする
> ・教師がハプニングへの対応をする
> ・よい観客として，客席で劇を観る

 緊張して不安！ 声を出して気持ちをリラックス

　本番当日の子どもたちは，緊張と不安でいっぱい。緊張すると声帯が縮み声が出しにくくなります。そこで，大きな声を出すと，口の周りの筋肉がほぐれ，気持ちが楽になります。身体を動かすのも緊張をほぐすには有効です。

 歌を練習しよう

　朝は，声が出にくいので，歌のある劇は，思い切り歌うと，大きな声を出すのと同じ効果が得られます。歌は気持ちを高揚させ，上演に対する士気が高まります。

 衣装のチェックは，大人の役目

　普段しっかりと衣装を着替えることのできる子でも，緊張のせいでボタンがずれていたり，身につけるものを忘れたりします。舞台に上がる前に，一

人一人，細かく確認したり，友だち同士でチェックし合ったりしましょう。

 ## 小道具チェックも大人の役目

　自分の小道具を忘れることは少ないですが，途中で使う物・みんなで使う小道具を教室に忘れると大変！　本番は，自分のことで精一杯。誰かが持ってきてくれるだろうとみんなが思ってしまいます。子どもは，忘れるかもしれないという気持ちで，細やかなチェックをするのは，教師の責任です。

 ## アクシデントやハプニングは，教師がフォロー

　大道具が倒れた！　子どもたちは，しきりに袖を見ています。教師が袖から，小さな声で「起こして，起こして」と言っても，子どもたちは戸惑ってしまいます。教師の声に気を取られて劇は中断。こんなときは，教師がさっと出て行って，直せばよいのです。気が利く子どもが，直せるのならさらによいですが，それより，練習の成果をしっかりと出させるための環境づくりが大切です。当日は，先生方が配置を分担しておくとよいでしょう。

 ## よい観客として，客席で劇をしっかりと見よう

　本番は子どもたちを信じて，教師は客席に行って，子どもたちの演技をしっかりと見てあげます。観客の反応，表現のよかったところを自分の目で確かめて，終わった後，子どもたちに話してあげます。達成感，充実感につながり，自信をもつことができます。それが，次への意欲につながります。

第3章　劇の見栄えがよくなるピンポイント演技指導　95

コラム　保護者への心配り

　学芸会の取り組みで欠かせないのが保護者との連携と協力です。学芸会でのわが子の活躍や動きは保護者にとっては大きな関心事だからです。保護者には心して対応したいものです。
　理解や協力が得られることで，衣装や小道具などで支援してくれる保護者の力も活用していけるはずです。

1．保護者会を有効に使おう。

　学芸会の劇に取り組む前の保護者会で，今年度はこんな劇にこんな風に取り組みますと告げておきましょう。劇に取り組む意味やその教育的な意味なども話しておくとよいでしょう。全体の練習の流れや，観てほしいポイント，協力してほしい事柄や子どもたちへの言葉かけなどもお願いしておくとよいでしょう。保護者の職業や趣味から思わぬアイデアや協力が得られるかもしれません。

2．学級や学年通信を有効に使おう。

　劇の取り組みは，通常の学級・学年通信のなかでお知らせするのもよいですが，劇に特化した特別号があってよいでしょう。脚本についてのお知らせや指導の意図や取り組みの様子，練習の進み具合やそのなかで起きたエピソード等，できるだけ，一人一人の子どもたちの取り組みの様子がわかるような通信が出せるとよいでしょう。

3．学芸会を終えて。

　学芸会後の保護者会も，評価・まとめとして話題にすることが大切です。劇づくりの過程でどれだけ子どもたちが変容し，成長できたか，また，集団がどれだけ育ったかを教師の目で話すことが必要です。テストの点をとることと違った成長の意味を知らせる啓発にもなります。

第4章

クラスがもっと仲良くなれる
学級活動アイデア

1 劇の台詞を使ってみよう

活動の目的
　劇の中で使った言葉，台詞，言い回しを生活に活かし，言語活動を豊かにするとともに，人間関係を深める。

活動の概要
　劇の中には美しい言葉，生活の中で使いたい言葉や言い回しがたくさん出てくる。普段でも使えそうなものを使ってみよう。

指導の手順と注意点
①劇の中の言葉，台詞，言い回しはみんなが繰り返し話したり聞いたりしているので，共通の記憶として残っている。記憶がはっきりしているうちに取り組むとよい。

②学芸会で上演した劇の中で，「いいな」「使ってみたいな」「おもしろいな」と思う言葉，台詞，言い回しを探す。
　例：「みなさん，少々困ったことになった」「ああ，なんということだ」
　　　「みなさん，ごきげんよう」「きびしさこそ愛。きびしさこそ真実」

③見つけた言葉，台詞，言い回しを書き出して掲示する。

④いろいろな場面で使ってみる。
- うまく使えたらみんなでほめる。「いいぞ！　○○さん」これも劇の台詞が使えるとよい。
- 人によって取り上げる対象は変わってくるが，みんなが共感できるものを見つけることができるとよい。

2　学芸会の役で生活してみよう

活動の目的

　自分とは違う人物になって生活することで，他の人の気持ちを理解したり，感じたりすることができるようにする。

活動の概要

　学芸会で演じた役になって1日生活してみる。実際に演じた役とは違う役になってもよい。

指導の手順と注意点

①学芸会で演じた役になって生活することを子どもたちに提案する。その際にはきちんと目的を子どもたちに伝えるが，子どもたちが「おもしろそうだ」「やってみたい」と思わないとうまくいかないので，興味をもてるように提案したい。

②実際に自分が演じた役になるか，違う役になるかは子どもたちの希望を尊重して決める。

③その人物の性格を各自が意識して，役作りをする。
　例：「正義感が強いが誘惑には弱い」「優しく親切だがだらしない」など。

④1日の終わりには，振り返りを行う。

- 動物などの役の場合には，かぶり物や衣装もあると気分が出やすい。
- 低学年の場合には，自然と劇遊びになり，楽しむことができる。
- 高学年の場合には，「この役だったらどう言うか，どうするか」を考えながら過ごすが，遊びの感覚で無理をせず気楽に楽しめるとよい。

3 私は木です

活動の目的
相手の表現をよく見て、それに応じて即興的に表現することができる。

活動の概要
1グループ4～6人で行う、身体を使った連想ゲーム。最初のアイデアから連想される風景や情景、場面を静止画で表現していく。

指導の手順と注意点
①最初の1人（Aさん）が「私は木です」と言って、木のポーズを取る。
②別の人（Bさん）が「その木の周りにありそうなもの」を連想して、ポーズを取って加わる。
　例：「私は鳥です」
③②と同じ方法で、もう1人（Cさん）が加わる。
　例：「私は雲です」
④最初に「木」をやっていた人（Aさん）が、BさんとCさんのどちらを残すのかを決める。
　例：「私は雲を残します」
⑤残されたCさんは、もう一度「私は雲です」と言ってポーズを取り、それ以外の人は元に戻る。
⑥今度は「雲の周りにありそうなもの」から連想を始めて、②以降の手順を繰り返す。出てくる順番などは定めずに、思いついた人がアイデアを出す。

4 カテゴリー・ドン

活動の目的
失敗をオープンにすることができる。場の雰囲気を盛り上げる。

活動の概要
5人以上の多人数で行う勝ち抜きゲーム。山手線ゲーム（古今東西ゲーム）の要領で、お題に対して答える。答えられなかった人は脱落となる。

指導の手順と注意点
①参加する人を横一列に並べ、教師はその列の中央辺りに座る。
②お題となるカテゴリー（例：動物の名前、色の名前など）を伝える。
③教師は「始め！」の合図とともに、列の中の誰かを指差す。
④指を差された人はすぐに答える。答えられた場合、教師はすぐに別の人を指差す（順不同）。
⑤答えが重複した場合、答えに詰まってしまった場合、お題に合っていない場合などは脱落となる。その際、観客から脱落を意味する「ドーン！」という掛け声が掛けられる。最後の1人になるまでこれを続ける。

- 勝ち負けよりも脱落したとき（失敗したとき）の態度を大切にする。失敗をオープンにすることで、「みんなの前で失敗してもよい」という雰囲気を作っていくことが重要である。

5 相談じゃんけん

活動の目的

決められた表現をすることで，グループで考え，話し合い，助け合いが自然にできるようになる。

活動の概要

グループ対抗ジャンケンゲーム。グループでグー，チョキ，パーのポーズを決め，全員が同じポーズになるように練習する。指示されたポーズがすぐにできるようにするための効率的なポーズを工夫する。

指導の手順と注意点

①教師が「相談」と声をかけ，各班が相談をはじめる。
②各班から「O.K.」との返事を受け止め，全部の班のO.K.を確認する。
③2グループ対抗でみんなの前に出る。全員で声を合せて「相談ジャンケン，ジャンケンポイ」と言った後，続けて教師がグー，チョキ，パーの任意の一つを言う。
④それに合わせて，指示されたポーズをとる。そのポーズが全員そろっていて，早くできたほうが，勝ちとする。判定は教師でも子どもたちでもよい。
⑤グループ対抗とし，トーナメント方式で判定する。
　・グループ内の話し合いと練習が必要である。慣れてきたら，必ずこのポーズは入れる（一人でも，全員でもよい）というしばりを全グループに同じ課題指示して入れるのも変化が出てきて盛り上がる。

6 変身じゃんけん

活動の目的
　学級全員で動物になりきることで気持ちがほぐれて，楽しみながら表現することへの意欲を高めることができる。

活動の概要
　「アリ→アヒル→ゴリラ→人間→王様」の順にじゃんけんで勝っていくごとに変身していくゲーム。

指導の手順と注意点
①全員がアリからスタートする。四つん這い歩きで「アリアリ」と言いながら動き，出会った人とじゃんけんをする。勝つとアヒルになれる。
②アヒルになった人は，よちよち歩きで「ガアガア」と言いながら動き，アヒル同士でじゃんけんをする。勝った人はゴリラになれる。
③ゴリラになった人は，大股歩きで「ウホウホ」と言いながら動き，ゴリラ同士でじゃんけんをする。勝った人は人間になれる。
④最初に人間になった人は，王様用の椅子に座る。その後人間になった人は，王様の椅子の前に並び，王様とじゃんけんをする。勝った人は王様になれる。
⑤制限時間を決めて，最後に王様だった人に拍手をする。
・ゴキブリ，ブタ，ウマなど，他の動物に入れ替えて行うと，表現の幅が広がる。

7 みんなで楽しく顔じゃんけん

活動の目的
顔の表情を利用したじゃんけんを通し，楽しみながら，表現力を豊かにする。

活動の概要
学校生活の中で，頻繁に利用するじゃんけんに，顔の表情を取り入れる。

指導の手順と注意点
①はじめに，「グー」(怒った顔)と「チョキ」(笑った顔)と「パー」(驚いた顔)の表情を，みんなで作ってみる。その際，下の絵のように，両手で顔の左右に，グー，チョキ，パーを作り，恥ずかしがらずに，大胆に表情を作るように話す。上手な子がいたら，みんなの前で紹介する。表情が作れなかったり，間違えたりすると，じゃんけんには勝てないという条件を付けてもよい。

②次に，「これがグー，これがチョキ，これがパーでじゃんけんぽん！」というかけ声で練習をする。このとき，下の絵のように，声に合わせて，怒った顔，笑った顔，驚いた顔を一通り作り，「じゃんけん」のときは，両手で顔を隠し「ぽん」で，表情を作る。

これがグー

これがチョキ

これがパーで

じゃんけん

ぽん！

8 グループジェスチャー

活動の目的
協力して表現活動ができる。相手に伝える表現の大切さに気づく。人前に立つことに慣れる。受け取る側の受け取り方が大切だということに気づく。

活動の概要
1グループ4～6人となって，与えられた課題をグループ内でどんな動きで表現するかを考える。グループごとにジェスチャーを発表する。他のグループは，発表グループのジェスチャーを見て，正解を当てる。

指導の手順と注意点
①グループごとに問題を聞き，どんな動きをするか相談する。
②早くできた（リーダーに伝えた）順番に発表する。
③相談時間を7～8分位とする。
④全員を班ごとに並べる。（発表位置と観客の位置の確認）
⑥発表が終わったら，他のグループの人たちが正解を当てる。
⑦「おわり」というまでは答えてはいけないことを確認する。
　例：「ジェットコースター」等の遊園地の乗り物編
　　　「バレーボール」等のスポーツ編，「満員電車」等の生活の一部編
　　　「掃除の時間」等授業風景編，「桃太郎」等昔話編など

9 何やってるの？

活動の目的
失敗を恐れず，自分を表現できるクラスの雰囲気をつくる。

活動の概要
クラスの皆の前で，順番に，即興でジェスチャーをしていく。

指導の手順と注意点
①ジェスチャーをしていく順番を決める。
②1番初めの人が，皆の前で，「何かをしている」動作のジェスチャーをする。
③次の番の人が，「何やってるの？」と声を掛ける。
④1番初めの人は，「〇〇やってるの」と，自分が今しているジェスチャーとは，違う動作を答える。これが，次の番の人がするジェスチャーのお題（テーマ）となる。
⑤それを順番に繰り返す。最後に順番が回ってきた人が出したお題を，1番初めにジェスチャーをした人が行ったら終了。
・1番初めと終わりにジェスチャーをする役を，担任が行うと盛り上がる。
・そのときは，思い切り自由に表現をして，子どもたちが「ここまでやっても大丈夫なんだ」と感じられるようにするとよい。
・クラスの実態によっては，1人ずつではなく，2人一組にしてジェスチャーを行うようにすると，子どもたちの抵抗感が軽減される。

10 「○○しようよ！」「いいね！」

活動の目的
協調する楽しさを味わう。

活動の概要
1グループ4～6人となって，「○○しようよ」という提案をしていく。その他の人は「いいね」としか言ってはいけない。言ったらその表現をする。

指導の手順と注意点
ある程度表現に慣れてきたクラスでやると盛り上がる。
①グループに分かれる。（4～6人）
②グループ内でじゃんけんをして，順番を決める。
③一番の子が「○○しようよ」と言う。
④その他の子は「いいね！」としか言ってはならない。
⑤一番の子が言った「○○」をみんなで表現する。
　・「ジェットコースターに乗ろうよ」であれば，みんなでジェットコースターに乗った表現をする。
⑥その表現をしている間に，二番の人は次に何をするか考えておく。
⑦二番の人が「△△しようよ」と言う。
　・ジェットコースターと関連がなくてよい。「読書しようよ」など，動かないものでも表現する。
⑧繰り返す。

11 次は誰かな？

活動の目的
ゲームで楽しくクラスのみんなの名前を覚える。その子の個性を知る。

活動の概要
教室に入ってくる友だちの順番を当てる。それだけで盛り上がる。

指導の手順と注意点
　クラス開きすぐの時にも使える。
　1班に6名前後がよい。
①全員に紙を配布。
②1班は廊下に出る。教室に入る順番をヒソヒソ話し合う。
③その他の班は，紙に1班の子がどの順番で入ってくるか予想し，紙に書く。
　・クラス開きのときは，黒板に1班の子の名前を書いておくとよい。
④全員準備ができたら，テンション上げて「ハイ！ハイ！ハイ！ハイ！」と手拍子で迎え入れる。
⑤入ってくる子は，ワンポーズして席に戻る。
　・クラス開きのときは，これを強要しなくてもよい。
⑥入ってきた順番が当たっていたら1ポイント。はずれたら0ポイント。
⑦繰り返す。
⑧総合得点を計算して，たくさん当たった人をほめたたえる。

12 即興表現を楽しもう

活動の目的
即興で声を出したり動作をしたりする活動を通して、周りの状況をすばやく感じ取って受信発信、瞬時に判断する力をつけ、即興表現を楽しむ。

活動の概要
カードに書かれているものの表し方をグループで相談し、一人ずつ順番に声と動きで表現する。

指導の手順と注意点
①4～5人のグループを作り、順番を決める。
②グループごとにものの名前が書かれているカードを配り、どう表現するかを相談する。
・1番から順に、例えば、ビーンビーンなどと機械的な擬音も使いながら、グループで一つのものを表現する見本を見せ、やり方を伝える。

（カードの例）
・洗濯機
・UFOキャッチャー
・クレーン
・お餅つき機　など

・動きながら作っていくとアイデアがわいてくる。
・自由な発想を出しやすくするため、本番と練習が変わってもよい。
③グループごとに発表し、見ている人にものの名前を当ててもらう。
④感想を交流する。
・友だちとのつながりや心が動いた感想を引き出せるように心掛ける。
＊発展：慣れてきたら、順番だけ相談して発表するとよい。

13 同じ仲間で集まろう

活動の目的

指示された仲間の言葉を聞いて集まる活動を通して，まわりの様子を感じ取りながら声を出したり身体で表現したりする。

活動の概要

生まれ月や住んでいる所，好きな給食のメニューなど，指示された仲間で集まり，元気よく自分たちの仲間を紹介する。

指導の手順と注意点

①集まる仲間を伝え拍子木等で合図する。
②自分の声を出しながらまわりの声も聞き，集まったら輪になって座る。
③集まったグループを順にみんなに紹介していく。
- 最初は誕生月や住所等すぐに集まれる仲間にし，慣れてきたら好きな給食や色等，その子らしさが表れる仲間にする。

④活動後は感想交流をする。
- 声を出さずに，ジェスチャーで集まる。例：好きな動物や好きなスポーツなど
- 相手にわかるように大きく動いたり顔の表情も意識したりすることを伝える。

14 身近な素材でパペットをつくろう

活動の目的
　身近な素材を使ったパペットを，学級活動の様々な場面に登場させ，子どもたちの表現力やコミュニケーション能力を育てる。

活動の概要
　学校生活にかかわりのある身近な素材に，目玉や体をつけ，擬人化することで，子どもたちの興味を集めるとともに，表現を楽しむ。

指導の手順と注意点
①文房具や掃除道具など，学校生活に関係のある身近な素材に，100円均一ショップの手芸コーナーなどで購入できる目玉シールや目玉ボタンをつける。
②鼻や口や耳などは，カラーのガムテープなどを貼り付けて顔を作る。
③体の部分は手袋やカラー軍手を使う。この時，下の写真の牛乳パックやトイレットペーパーのように，頭の部分の容積が大きいときには，人差し指と中指と薬指を頭の中に入れ，親指と小指を手にする。また，リンゴやバナナのように，中指を頭に使う場合は，人差し指と薬指をパペットの手にして，使わない親指と小指は内側に裏返しにして隠す。
④活用の仕方としては，給食のメニューを発表する際に牛乳パックを登場させたり，掃除の点検や反省の際に，トイレットペーパーを登場させるなど，身近な素材を擬人化して登場させる。

コラム　創作劇のすすめ

「創作劇？　自分で劇を書くのでしょう？　難しそう。とてもとても…」と一蹴されそうですが，実は時間がかからず，楽しく取り組めるものなのです。中学年以上なら大丈夫です。そのプロセスを説明しましょう。

その前に本書「第１章」に取り組んでおけるといいですね。

１．即興的な劇を創ってみよう。

　　グループ（５～７人くらい）で課題にそって劇を創ります。最初は３分くらいの内容が適当でしょう。20分くらいで，あらすじを決め，役割を決め，ちょっと練習し，みんなの前で発表しあいます。もちろん，台詞はアドリブです。

２．一つの劇をみんなでふくらまそう。

　　いくつかの課題をみんなでやった後，みんなで話し合い，１本に絞ります。絞られた劇を土台にして，出演人数やキャスト等を考えて，筋をふくらませ，登場人物を増やし，歌やダンスを入れたりして，全体を構成します。

３．立ち稽古で創っていこう。

　　話の筋を追いながら，動きながら，必要な台詞を言いながら，劇を創っていくのです。ここにこんな台詞とか，ここで歌とか，ここにはこんな歌が入るといい等と整理していくうちに自然とキャストも決まってくるでしょう。

４．大まかな台本をつくろう。

　　子どもたちの動き中心の流れができる頃に上演のための流れが確認できる台本ができあがります。練習しながら変わってもいいのです。発表は子どもたちにまかせましょう。

　　自分たちで創った劇です。楽しく演じられればそれでよいという気持ちで発表に臨むことが大切です。

付録

必ずうまくいく！
学年別おすすめ
シナリオガイド

　多人数出演が可能であり，集団の指導がしやすく，見栄えのする作品を紹介しました。また，脚本のテーマもしっかりしているので，演じる子どもたちも，表現すべき目標をもって表現することができ，先生も子どもたちも成就感をもって終わることができるでしょう。子どもたちの発想や工夫した表現も取り入れられるような場面も多くあるので，子どもたちの主体性を生かして楽しく練習に取り組んでいける脚本を選択しています。有効にご活用ください。

※一部，手に入りにくいシナリオも紹介しています。詳細は日本児童青少年演劇協会にお問い合わせください。

ことばあそび　あいうえお　作　金平　正

出典：日本児童劇作の会編著『みんなが活躍できる　2年生の劇』（小学館，1994）

低学年　　適正人数：学級・学年全員　　上映時間：約15分

「あそこで　あかちゃん　あそんでる」のようにリズミカルで，テンポのよい言葉遊びからはじまります。「あ・い・う・え・お」のつく言葉のイメージから，「あ」は「あまい」から「あくま」，「い」は「いじわる」から「きれい，たのしい」などと変化して，「お」まで，軽快な流れで進みます。

①シナリオの魅力

　1年生の国語学習の発展として文字や語句について理解と興味・関心を深めるとともに，子どもたちが言葉のリズムや表現のおもしろさに気づき，楽しめるようにと構成された作品です。「あ」から始まり「お」で終わりますが，そこに至るまで，同じ言葉遊びのスタイルでありながら，表現が変化に富んでいます。単純でありながら楽しく演じられるところが魅力です。

②指導のポイント

　脚本にこだわることなく，子どもたちの発想をできるだけ生かして「言葉で遊ぶ」楽しさを十分に時間をかけて味わせることができます。人数の増減は自由にできます。場面ごとにグループで取り組むことも可能です。国語の時間に言葉探しをして，それに子どもたち自身が考えた自由な表現を付けると，表現活動を発達段階に合わせて，楽しむことができるでしょう。

あいうえおげきじょう　作　百合岡依子

出典：日本児童劇作の会編著『きずなを育てる小学校・全員参加の学級劇・学年劇傑作脚本集　低学年』（黎明書房，2013）

低学年　　適正人数：学級全員　　上映時間：25分

「あ」のつく言葉，「い」のつく言葉……と次々に集まって「あいうえお　げきじょう」が始まります。そこに「か行」以下子音で始まる言葉も仲間入り，さらに「ん」という文字の大切さにも注目が集まり仲間はひろがっていきます。

①シナリオの魅力

　小学校で初めて習うひらがなのことばあつめを楽しく意欲的に行い，それらの言葉に命を吹き込み楽しく演じることができる脚本です。
　また，脚本にない新たな言葉も次々と出てくるため，人数調整が非常に容易なこともおすすめのポイントです。さらに，ことばあつめだけでなく，かるたをもとにした寸劇やラップ等が取り入れられ，楽しさ満載，低学年の表現をたっぷりと見せられる舞台になるはずです。

②指導のポイント

　国語の授業では，ことばあつめをたくさんさせることで，語彙量をふやしていくこともできます。また，子音と母音のかかわりなども自然に理解していくように指導していきます。舞台では自信に満ちた堂々とした声で演じることができるよう，脚本の中の言葉にこだわらずに教室で出てきた言葉を使うのもよい方法です。
　「ん」の文字の大切さを知るために，「ん」なし言葉でおしゃべりをさせるのも楽しい練習になります。「あいうえかるた」では，内容は言葉で説明されるので，身体で寸劇をするときは，表現の上手下手ではなく，いかにその子達がなりきって表現できているかにしぼって指導することが大切です。

はたらく自どう車コンクール　作　中村照子

出典：日本児童劇作の会編著『子どもも保護者も大満足！　全員参加の楽しい児童劇脚本集』(明治図書，2016)

低学年　　適正人数：30人くらいから多数　　上映時間：20分〜25分

　ミュージアムに自動車を展示することになりました。でも，いろいろな自動車が自分の自慢をして，どの自動車を展示したらよいか決まりません。審査員の1年生は困りますが……。

①シナリオの魅力

　1年生が勉強する「はたらく自どう車」を，劇の形で楽しく紹介していくことができます。

　自動車の形をパネルで作って表現したり，それぞれが自分の自慢をしてみたりと，低学年らしい元気な演技が舞台いっぱいに表現できる作品です。

②指導のポイント

　子どもたちが持つパネルが組み合わさることで「はたらく自どう車」ができ上がるという楽しさと，そのことによって大きな自動車を舞台の上に登場させることができるという利点が魅力です。自動車を製作するときから，子どもたちは劇に取り組むことにウキウキできます。

　たくさんの人が出ることができるので，人数が多い学年劇でも十分に対応できます。

　最後の解決の方法も，「みんなが主役」というイメージで，低学年の学年劇にはぴったりです。

アイウエオリババ　作　生越嘉治

出典：生越嘉治著『小学校劇の本2―1～2年生の劇の本―』（あすなろ書房，1999）

低学年　**適正人数**：学級全員　**上映時間**：20分

アリババと40人の盗賊は有名なお話ですね。「ひらけごま」で大きな岩が動いて，奥に隠し部屋が現れる。ワクワクドキドキするアラビアの物語です。
そのアリババがなんと五つ子だったら…。

①シナリオの魅力

　子どもたちも一度は聞いたことがある，外国の民話をもとに脚色された物語です。お話の筋がある程度わかり，観客にとっては安心して観られ，演じる低学年にとっては入り込みやすい物語になっています。シンプルでわかりやすいストーリーの中に，場面を工夫して創作できる部分がいくつかあります。教師と子どもたちとで相談して，オリジナルのポーズを考えたり，町の人々の職業を考えたり楽しめる脚本です。また，エキゾチックな異国風の衣装が，低学年の魅力をより引き出すことでしょう。

②指導のポイント

　配役のグループごとに練習がしやすいシナリオになっており，ある程度動きやセリフが身について来たら，グループで相談してよりオリジナリティあふれる演技に高められる要素が随所にあります。グループで楽しみながら，さらなる演出を教師と子どもたちで考えてみましょう。
　客席に演じる子どもたちが現れる演出の工夫もできるシナリオです。演じる舞台に合わせてクライマックスの五つ子のアイウエオリババが，どろぼうたちをやっつけるシーンを楽しみましょう。元気な低学年の子どもたちのパワーを，舞台上でたくさんたくさん引き出せるシナリオです。

よかったね　作　百合岡依子

出典：北島春信監修『心をはぐくむ小学校劇2年』（小峰書店，2015）

低学年　適正人数：約40人　上映時間：約20分

　森の広場にひとりで座っているオオカミのウルフくん。そこに，ひよこたちやうさぎたちがやって来て遊び始め，ウルフくんも巻き込まれていきます。誕生日を忘れられしょんぼりしていたウルフくんでしたが，最後はみんなにお祝いしてもらい元気になります。

①シナリオの魅力

　動物たちが遊ぶシーンは，子どもたちの遊びの世界そのものです。低学年の子どもたちならではの生き生きと遊ぶ姿を，舞台上演に生かすことができます。「よかったね」という言葉は子どもたちの共感を呼びやすく，友だちや家族のあたたかさが感じられるストーリーです。ウルフくん役以外は人数の増減が可能であり，グループに分かれて練習を進めることができるため，取り組みやすいシナリオです。

②指導のポイント

　ストーリーに入る前に，劇中の「まねっこあそび」「ジャンプダンス」や「○○しながら（劇中では〈何かを探しながら〉）歩く」といった表現遊びをみんなで充分に楽しむことがポイントです。まねっこの動きやダンスの振り付けなど，子どもたちから出たアイデアを生かしていくと，子どもたちらしさが発揮される楽しい舞台となります。劇中歌はテーマソング『よかったね』を含む4曲ありますので，まずは歌の練習から始めると劇の世界に入りやすくなります。動物たちは交代で舞台に出ますが，出番以外の子たちはただ待つのではなく，舞台脇で一緒に歌ったり，「よかったね」の台詞を全員で言わせるなどして，参加場面を多くするとよいでしょう。

おそれ山の赤おに　作　林　久博

出典：日本児童劇作の会編著『小学校・全員参加の楽しい学級劇・学年劇脚本集 低学年』（黎明書房，2007）

低学年　　**適正人数**：学級・学年全員　　**上映時間**：25分

昔々のお話。よしべえという薬売りが，手助けをしてくれる忍者たちと協力しながら，おそれ山に住む鬼たちとの対決に勝って，無事に病気のお母さんが待っている故郷に帰りつくお話です。

①シナリオの魅力

　子どもの「劇遊び」や「表現遊び」の場面が際立つように，あえて，物語の進行はナレーターが担当しています。劇中には，主人公たちと鬼との対決が3場面あり，その対決シーンで，子どもが思いっ切り遊ぶことができるように，ストーリーの進行などの説明的な部分はナレーターが担当し，対決場面がテンポ良く進められる構成になっています。対決場面が3つ（黒鬼，青鬼，赤鬼との対決）あります。忍者や鬼の人数をそれぞれ5〜6人で演じると学級劇になりますし，10〜20人に増やすと学年劇になります。人数調整が非常にやりやすいこと，子どもたちの豊かな表現遊びをそのまま舞台に乗せて構成できることから，全国の学校でも上演されている。おすすめの脚本です。

②指導のポイント

　各対決場面ごとにグループに分かれて並行して練習するために，主人公のよしべえと忍者，ナレーターの役は，場面ごとに替えた方がよいでしょう。3つの対決場面を子どもと共に楽しく遊び，楽しく盛り上がる中で練習を進めるとよいでしょう。遊んでいる中で豊かな表現があれば，そのまま脚本の中に採り入れてもよいでしょう。対決場面も学校の実情に合わせて「早口言葉対決」とか「計算九九対決」など，いろいろ創作すると楽しくなります。

こうえんデパートオープニングセール　作　木村たかし

出典：日本児童劇作の会編著『みんなが活躍できる　２年生の劇』(小学館，1994)

低学年　　**適正人数**：学級・学年全員　　**上映時間**：約20分

　子どもたちが公園でデパートごっこの用意をしていました。女の子たちがやってきて入れてもらおうとします。が，売り場は，全部できているのを見せられます。そこで，女の子は，エレベーター係となります。いよいよこうえんデパートオープニングセールのスタートです。

①シナリオの魅力

　低学年の子どもたちが，日常的に行っているお店屋さんごっこをもとにして，つくられた作品です。子どもたちが，自然体で楽しみながら，演じられます。デパートの売り場は何にするか？　どんなものが売っているか？　どんな風に売り込むか？　グループごとに相談しながら，自由に創作することができます。手作りで，商品を作る楽しさも味わえます。

　大道具や衣装も，大げさに用意する必要がありません。ふだん着のままで演じられます。しかし，ファッションショーや身体を使ったゲームコーナーなど，ダイナミックな舞台が楽しめます。

②指導のポイント

　各教科で準備を進められます。音楽の時間に，早めに歌の練習をしておくとよいでしょう。図工の時間は，ファッションショーで使う衣装を作ったり，いろいろな商品を作ります。

　体育の時間を利用してファッションショーの動きを楽しむとよいでしょう。生活の時間を利用して，デパート（お店）調べをするとよいでしょう。

　子どものアイデアを重ね合わせて，つくっていくことができる作品です。

　子どもが夢中になって劇遊びをするように支援しましょう。

夏だ・海だ・出ぱつだ！　　作　木村たかし

出典： 日本児童劇作の会編著『子どもも保護者も大満足！　全員参加の楽しい児童劇脚本集』（明治図書，2016）

中学年　　適正人数：約60人　　上映時間：約25分

広場で，子どもたちが，置いてあったゴムボートで遊んでいます。そして，いつしか夢の世界に入ってしまいました。フラダンスをしたり，シュノーケルで波の中を泳いだり，海の中に入ったり，宇宙人と遊んだりします。最後は，ゴムボートを乾かしていたお父さんに見つかってしまい，叱られてしまいます。

①シナリオの魅力

　詩人，くどうなおこさんの詩で始まり，ゴムボートやブルーシートを使って，みんなで楽しく劇遊びをします。劇遊びから始まった劇なので，中学年らしいのびのびとした表現あそびを体験することができる劇です。詩の音読や中学年らしい元気な歌声とダンスが魅力的です。

②指導のポイント

　この劇は，ゴムボートや大きなブルーシートを舞台いっぱい使った，劇遊びの劇です。ブルーシートで大きな波を表現したり，その中でダイナミックに泳ぐ様子を表したりして，大海原を感じさせられたら大成功です。遊びの中で子どもたちの自由な表現を引き出すことができます。

あやうし！にん者学園　作　山本茂男

出典：日本児童劇作の会編著『小学校の総合学習に生かせる全員参加の学級・学年劇脚本集　中学年』(黎明書房，1999)

中学年　　適正人数：25人〜50人調整可　　上映時間：25分

　一流の忍者になるために修行に励む忍者修行生たち。そんな中，何をやってもピンボケな3人組がいた。昇級審査の日，自分たちの忍者学園がのっとられそうだという策略を知る。果たして3人組は……。

①シナリオの魅力

　この脚本の最大の魅力は，楽しい忍者の修行の場面を自然に遊んでいる感覚で演じることができる点にあります。またダンスや修行等は，子ども達のアイデアを尊重し，クラスの実態に合わせてオリジナルな表現方法で演出可能な点もよいところです。

　また，忍者の修行の場面や，登場人物が多く出てくるため，人数調整が非常にしやすいこともおすすめのポイントです。

②指導のポイント

　まず，子ども達が舞台の上で十分に解放して表現活動ができるために，表現あそびに日頃から慣れていく事が大切です。脚本中のあそびなどをみんなで楽しく行います。そして脚本のストーリーを予め子ども達に話したら，いきなり脚本を渡すのではなく，忍者あそびを自分たちで考え十分に楽しませ，また，それをお互いに見せ合う中で，子ども達一人一人に自信とゆとりをつけていきます。

　また，修行の様子は，観客からどう見えるのかを，子ども達自身が知ることが大切です。そのためにも，ビデオ等で練習を撮って意見交換等をしていくことも指導のポイントになります。

ありの行列　脚色　加藤陸雄

出典：日本児童劇作の会編著『きずなを育てる小学校・全員参加の学級劇・学年劇傑作脚本集　中学年』（黎明書房，2013）

中学年　　**適正人数**：学級全員　　**上映時間**：20分

ありはなぜ，エサの場所から巣穴まで行列を作るのでしょうか？　3年生の教科書に出ている説明文です。子どもたちが興味関心をもつ内容ですが，そんなありの子どもが巣穴から初めて外に冒険に出たのです。

①シナリオの魅力

　国語の教科書に出てくる説明文ですが，中でも身近な生き物のありを取り扱い，子どもたちも興味関心をもって取り組める題材です。

　前半は教科書の内容をそのまま舞台に上げ，ありの生態を解説するTV番組風に進みます。そして後半はそんなありが初めて地上の世界に出て冒険をしながら，仲間と力を合わせて危機を乗り越えるお話です。

　登場人物がほとんどありで，たくさん出てくるところがまた可愛いです。衣装も準備しやすく客席を驚かすしかけも，工夫次第で楽しめます。劇中歌も簡単な歌詞で，頭に残るリズムです。

②指導のポイント

　国語の授業で取り扱った内容が，そのまま劇の準備にも使えます。授業で取り扱わなくても，子どもたちが興味をもって演じられる楽しい内容です。

　大勢のありたちが踊るシーンがあるのですが，元気に歌って踊る中学年向きの場面だといえます。また，前半と後半で分担して指導がしやすく，出演者も重ならないので練習が大変しやすいです。前半の説明文の場面でも，個性的なキャラを活かしてユーモアたっぷりに演出でき，明るく楽しい舞台になるでしょう。

よく晴れた朝に　作　林　久博

出典：北島春信監修『みんなでつくる小学校劇3年』（小峰書店，2001）

中学年　　**適正人数**：6人～学級全員　　**上映時間**：15分

　ミノムシの，みのりとけんたはとても仲良し。あるよく晴れた朝に，けんたは「大人になって羽が生えたら，一緒に飛んで見に行こう」と誘う。ミノムシの雌は実は蓑の中で一生を終わることをけんたは知らなかった。

①シナリオの魅力

　詩人の工藤直子さんの詩集に『のはらうた』（童話屋刊）の中に登場する「せつこ」という名前のミノムシの女の子のイメージをもとに書かれている作品です。ミノムシの雌は，実は成虫になってもミノガにはなれず，白いイモムシのままで蓑の中で一生を終わります。みのりは，そんな悲しい運命を知りながら，毎日を懸命に生きています。それを温かく見守る友だちも描かれています。

　朗読劇として書かれているこの作品の台詞の一言一言を大切に表現することで，自然界に生きる小さな虫の世界に思いを馳せることができる脚本です。

②指導のポイント

　「ブランコごっこ」「ハチやクモの動き」の場面などは，子どもに自由に表現を工夫させるとよいでしょう。登場人物が6人の小さな劇なので，学級で6人ずつのグループに分かれて取り組むとよいでしょう。そんな小さな発表会を通じて，学級の子どもたちが，より多くの出演機会に恵まれ，教室の中でも手軽に表現活動を楽しむことができるでしょう。登場人物の4人はそのままにして，ナレーターの台詞をコール隊を編成して1人一言ずつ担当すると，学級全員で舞台上演することもできます。

タヌキのおん返し　作　蒔田敏雄

出典： 日本児童劇作の会編著『子どもも保護者も大満足！　全員参加の楽しい児童劇脚本集』（明治図書，2016）

中学年　適正人数：26人　上映時間：30分

　やさしいおじいさんとおばあさんに食べ物をもらったタヌキたちは，恩返しをしようとします。そこにやってくる山賊のようなお侍さんが，実はおじいさんたちの，生き別れた息子だとわかります。さあ，どうなる？

①シナリオの魅力

　タヌキやおじいさん，おばあさん，山賊風のお侍やオニなど，昔話らしい登場人物が出てくるので，イメージがしやすく，演じやすい脚本です。

　また，タヌキが化けるシーンなど，工夫できる場面がいくつもあるので，子どもたちの発想を生かすこともできます。歌や踊りも入るので，中学年らしい伸び伸びとした演技で楽しく演じることができます。

②指導のポイント

　タヌキやネコの動きや，お侍の動きなどを，ごっこ遊びやゲームの形でやってから劇に入ると，動きが自然に，伸び伸びとなります。

　歌や踊りは，全員が歌ったり踊ったりできるように，ちょっとした時間に楽しめると，「みんなが参加し，みんなで創る劇」というイメージがふくらみます。

　変身のシーンを，どうやったらかっこよく見えるかを子どもたちに考えてもらい，それを取り入れたり，タヌキ音頭の踊りを考えてもらったりすると，自分たちが創る劇という気持ちが大きくふくらみます。

ナマケロ　ナマケロ　　作　野口祐之

出典　日本児童劇作の会編著『子どもも保護者も大満足！　全員参加の楽しい児童劇脚本集』（明治図書，2016）

中学年　　適正人数：39人（増減可）　　上映時間：25分

　2学期の始業式の日。みんな，それぞれ目標をもって張り切っていました。
　ところが，ナマケロ星人がやってきて，粉をかけると，みんな，ナマケロ病に。やる気をなくした友だちを救うために，てつおたちが立ち上がります。

①シナリオの魅力

　地球侵略を企むナマケロ星人の作戦に対抗する子どもたちの葛藤と活躍。
　台詞のやりとりや動きもコミカルで，演じる方も，観る方も楽しめると思います。
　「どうして，自分は努力するのだろう？」「なまけものになったら？」など，劇のテーマをみんなで考え合うことも価値あることだと思います。
　SFの世界に入り込んで，役に成りきり，演じてほしいと思います。

②指導のポイント

　宇宙人襲来というSF的な設定ですが，「夏休みがずっと続いたらいいのにな」という，子どもらしい心情がベースにあります。子どもが，日常的に使いそうな台詞回しなので，自然体な演技を心がけるとよいと思います。ただ，キーワードは，丁寧に発音するように，指導します。
　ナマケロ病にかかっていく場面は，子どもたちのアイデアで変更してもよいと思います。ナマケロロックンロールの振り付けやアクションシーンなども，アイデアを出し合って楽しくつくっていけるでしょう。

こやぎのおるすばん　作　野口祐之
（グリム童話「おおかみと七ひきのこやぎ」より）

出典：北島春信監修『心をはぐくむ小学校劇3年』（小峰書店，2015）

　中学年　　**適正人数**：約10人　　**上映時間**：約20分

　グリム童話「おおかみと7ひきのこやぎ」のアレンジ作品。3匹のおおかみが，母やぎの出かけた隙を狙ってこやぎたちの家に行きます。あの手この手を使ってこやぎたちの家に入ろうとするおおかみですが……。クラブなど10人前後で演じられる，楽しくユーモアある作品です。

①シナリオの魅力

　ちょっぴりまぬけなおおかみと，しっかり者の長男といたずら好きの末っ子をはじめとするこやぎたちのやりとりがコミカルに繰り返され，読んでいるだけで演じたくなる楽しい作品です。ストーリーがシンプルでわかりやすく，アレンジも加えやすいため，一人一人の持ち味を生かした舞台がつくれるでしょう。大掛かりな道具や衣装は必要なく，ドアに見立てた板やシーツを用いることでシンプルかつ効果的に表現することができます。

②指導のポイント

　家に入ろうとするおおかみの「作戦」や，それに対するこやぎたちの反応は，子どもたちにいろいろ考えさせ，遊びながら演じてみるとよいでしょう。また，シーツなどを使った見立て遊びをすると，クライマックスのシーン作りにも生かせます。このように，遊びを繰り返してから劇作りに入ると，子どもらしい生き生きとした表現が生まれます。シナリオ通りに演じても充分楽しい舞台になりますが，アレンジの幅もあるため，子どもたちのアイデアもどこかに取り入れてみましょう。おおかみチームとこやぎチームに分かれ，言い回しや決めポーズなどを決めたり，それぞれキャラクターを設定したりするのもよいでしょう。

われら五年　やかまし組　作　加藤陸雄

出典：北島春信監修『心をはぐくむ小学校劇5年』（小峰書店，2015）

高学年　適正人数：学級全員（増減可）　上映時間：30分

　五年〇組では，発表会の出し物を何にするか，大いにもめています。それで，劇中劇を繰り広げますが，茂雄は，何に対しても文句をつけます。しかし，主役を務めた「くもの糸」を演じる中で，茂雄は，自分自身を見つめ直します。

①シナリオの魅力

　発表会の出し物をどうするか？　という葛藤がベースにあり，子どもたちの生活心情にぴったり合います。各グループの劇中劇の練習やアピールにも，気合いが入ることでしょう。劇中劇は，子どもたちが相談し合って，創作してもいいでしょう。

　前半，大いに笑わせておいて，後半，茂雄の心情にぐうっと迫る真剣な場面があります。自分の主張とみんなとの協調のバランスをどうとっていくかは，高学年の子どもたちに考えさせたいテーマです。

②指導のポイント

　台詞のやりとり，動き，共に軽快であり，ダイナミックです。この劇の命はテンポです。子どもたちが，気持ちよくテンポよく演じていけるように，演出します。

　茂雄の変容をはっきりさせるために，カンダタとなった茂雄や罪人たちの狂気を真剣に演じるように指導します。

友情のモニュメント　　作　森田勝也

出典 日本児童劇作の会編著『子どもも保護者も大満足！　全員参加の楽しい児童劇脚本集』（明治図書，2016）

高学年　　適正人数：約20〜30人　　上映時間：約25分

男女仲の悪いクラスに，突然テレビ局が番組「クラス自慢」の取材に来ます。誰が応募したのか。喧嘩ばかりのクラスに自慢できるところはあるのか。勝手なことを言い合い，男女のいがみ合いはエスカレートして大騒ぎになります。しかし，友だちの転校を知ったクラスのみんなに変化が起こります。

①シナリオの魅力

　仲がよいとはどんなことなのか。高学年らしいテーマ性のある生活劇です。最初の男女のいがみ合いや喧嘩の場面が激しいだけに，テレビ局が帰った後も，友だちを思う気持ちが，みんなが気持ちを一つにして歌う姿に表れてきます。高学年のクラスの中では，よくありがちな些細な出来事が，数人の温かな気持ちで変わっていくところがこの脚本の魅力です。

②指導のポイント

　クラス全員が対象の生活劇です。登場人物は少ないですが，それぞれの登場人物の個性がはっきりとしています。そのため，一つ一つの台詞を，個性を考えながら表現することで，思い切った演技をすることができます。男女のいがみ合いがエスカレートする場面を思い切り演じることで，その後の友だち同士の温かさを，より鮮明に観客に伝えることができます。

クラリーナ国の陰謀 　作　加藤陸雄

出典：日本児童劇作の会編著『小学校・全員参加の楽しい学級劇・学年劇脚本集　高学年』（黎明書房，2007）

高学年　　**適正人数**：学級・学年全員（70人位）　　**上映時間**：35分

アカリーナ国の乗っ取りを企てている，クラリーナ国の大臣たちは，ケイタイレンジャーをアカリーナ国に送り込みます。ケイタイレンジャーたちは，「偽メール」をたくさん送信して，アカリーナの国民たちを混乱に陥れてしまいます。

①シナリオの魅力

　相手の顔や表情，声もわからないままにやり取りされる電子メールは，様々なトラブルを引き起こしています。この作品の魅力は，相手が見えない文字情報としてのメールよりも，目の前にいる友だちや仲間を信頼することの大切さをストレートに表現しているところです。クライマックスでは，バラード調の美しい歌を歌いながら悪者たちを追い詰めていきます。学級（学年）合唱で高らかに歌い上げると，とても盛り上がる舞台になります。

②指導のポイント

　アカリーナ国の国民たちを大勢にして，人数調整をして学年劇にすることも可能です。ケイタイレンジャーは，魅力的な悪役なので，台詞の言い方や，決めポーズなどを子どもに自由に工夫させるとよいでしょう。
　「パン屋の場面」「テリーの奥さんの場面」など，偽メールのせいで国民たちの心がバラバラになっていく葛藤の場面を，できるだけ苦々しく演じ切る様に工夫させます。テーマになっている直接コミュニケーションの大切さを切々と説き，フェスティバルの開催を訴えるダンスチームの台詞の場面は「隠れたクライマックスの場面」です。台詞のテンポ，だんだんと高まっていく思いなど，丁寧に創っていきたいものです。

風吹く夜に　作　蓑田正治

出典：木村たかし他編『総合的な学習に役だつ劇の本　5年生の劇活動』（ポプラ社, 2000）

高学年　適正人数：20人　上映時間：30分

　風吹く夜に等身大の子どもたちの日常の一場面を切り取った，3つのストーリーからなるオムニバス朗読劇です。子どもたちにとって，あるあると思える身近なお話で，演じたあとや観たあとにほっこりするシナリオです。

①シナリオの魅力

　子どもたちの友情を，よくある日常の一場面から見つめ直せるシナリオです。ですから，この作品を演じて，さらに自分たちだったらこんな場面も考えられると，イメージが膨らむ作品だと思います。サッカー好きの子なら，その気持ちが痛いほどわかる「オウンゴール」。

　どの作品にも，「つらいことがあっても，自分には分かってくれる仲間がいる」そんな気持ちを思い起こさせてくれる物語です。子どもたちがお互いに演じてみて，そのあとに感じたことを交流させたいシナリオです。

②指導のポイント

　大きな舞台ではなく，客席との距離が近い舞台で演じたい作品です。演劇クラブなどでオムニバス3作品を演じて，さらに自分たちでオリジナル作品を創作などできたら素敵です。オムニバス作品なので，時間によってはどれか一つを演じることも可能です。また朗読劇なので，脚本を持って演じることも可能です。練習時間も，事情に合わせて少ない時間で発表することもできます。登場人物のキャラクターを演者がどう設定するか，日常の自分と重ねてもいいし，まったく自分と違う個性で演じても楽しいでしょう。高学年が感情移入しやすいシナリオです。

アンドロイド　作　森田勝也

出典：北島春信監修『心をはぐくむ小学校劇6年』（小峰書店，2015）

高学年　適正人数：約40人　上映時間：約30分

時は近未来。佳里は，みどりと名付けたアンドロイドと一緒に暮らしています。母と姉を事故で亡くした佳里は，3年前に父からプレゼントととしてアンドロイドを買ってもらったのです。佳里の誕生日，クラスメイトが遊びに来ますが，みどりの言葉をきっかけにけんかになってしまい……。

①シナリオの魅力

「アンドロイド」というタイトルに，まず想像力を刺激されます。子どもたちがタブレットを使いこなし，ロボットも身近になりつつある今の時代，この物語を通して「人間らしさとは」「本当の友だちとは」ということを考えさせられます。アンドロイドたちのショーのような楽しい場面や，友だち同士のシビアなやりとり，感動的なラストシーンと変化に富んでおり，劇をつくる楽しさと作品に込められたメッセージを感じることができるでしょう。

②指導のポイント

ロボットやアンドロイドたちを紹介する場面では，ショー仕立てにしたりコマーシャル風にしたりと，子どもたちに創意工夫させたいところです。この場面を華やかに，またコミカルにすることで，後半のシリアスな場面とのめりはりが出ます。大人数で，楽しく舞台いっぱいに演じるとよいでしょう。

佳里やみずき，2人のクラスメイトたちについては，それぞれどんな人物像であるか，またどんな関係であるか，よく話し合っておくとよいでしょう。そうすることにより表現や会話にリアリティーが生まれ，「大切なものは何か」という作品のメッセージへの理解も深まります。佳里の父役やロボット会社の大人役は，教師や保護者に参加してもらうのも一つです。

子どものまつり　　作　北島春信

出典：北島春信監修『心をはぐくむ小学校劇6年』（小峰書店，2015）

高学年　　**適正人数**：学級・学年全員　　**上映時間**：約50分

　子どもたちが，お祭りのために練習をしています。地元の子と団地の子の対立の中で，弱虫のタキの心が，次第に鬼になっていく。そのタキの心を変えられるものは……。祭りというシチュエーションの中で，様々な登場人物が出てくる。タキの心の葛藤と優しい友情がテーマの音楽劇で，見ごたえがあります。

①シナリオの魅力

　昭和41年，音楽家芥川也寸志氏と作者が想像した子どものためのミュージカルですが，新しい脚本集にも再々掲載され続けている名作です。上演時間が長いため，最近では上演できる学校が少なくなっています。テーマは，心の中にいる鬼。現在の子どもたちにも十分に通じるテーマのはっきりとした劇で，歌があり踊りも工夫できるところが魅力です。

②指導のポイント

　日本の祭りが背景としてあるので，和太鼓の元気な音で幕をあけます。ミュージカルのため，ドラマの高まりが自然に音楽に移行されていくように音楽とドラマの一体化が大切です。そのためには，台詞が終わった後に入る音楽のタイミングに細心の注意を払い，テンポよく展開するようにします。踊りは，子どもたちに創作させると，のびのびとした高学年らしいものになり，子どもたちの成功体験を十分に満たすことができるでしょう。

雪童子 宮澤賢治『水仙月の四日』より　脚色　橋本喜代次

出典：日本児童劇作の会編著『子どもも保護者も大満足！　全員参加の楽しい児童劇脚本集』（明治図書，2016）

高学年　適正人数：45人くらいから多数　上映時間：20分

雪童子ってだれ？　ホントにいるの？　雪狼を従えて雪を降らしにやってきた雪童子。そんな世界に迷い込んだ仙吉はどうなる？　宮沢賢治が描く雪童子の優しくも哀しい物語が，朗読隊の朗読で紡ぎだされます。

①シナリオの魅力

　宮沢賢治の描く幻想的な場面を，朗読と演技と装置で作り出します。雪に迷った子どもたちの魂がどうなるのか。雪国の伝説のような，哀しくちょっぴり怖いお話は，子どもたちの心をとらえるでしょう。
　高学年らしい朗読の力で，作品の世界を作り上げていくことでしょう。

②指導のポイント

　学年全体で演じる場合でも，朗読の人数を増やすことで対応できますし，逆に人数が多い方が，朗読に厚みがでて，宮沢賢治の世界を表すことができます。
　指導の際も，劇の部分と朗読の部分を分けて指導することができるので，指導がしやすいと思います。

【執筆者一覧】（50音順）

【代表編者】

森田　勝也　　　公益社団法人　日本児童青少年演劇協会会長

【執筆者】

今井　洋助　　　東京都公立小学校（4章6）
岡　　信行　　　神奈川県川崎市立野川小学校（4章7／14）
金平　純三　　　日本児童劇作の会会長（2章11・3章5／13／14／15／16）
木越　憲輝　　　聖学院小学校（4章5／8）
木村　大望　　　成城学園初等学校（4章3／4）
久保由美子　　　神奈川県川崎市立有馬小学校（4章12／13）
新保　えみ　　　湘南白百合学園小学校（4章9）
千野　隆之　　　神奈川県川崎市立下布田小学校校長（4章1／2）
西脇　正治　　　東京女学館小学校（2章3／4／5／8／9）
野口　祐之　　　清明学園初等学校（2章12・3章1／2／3／4／9／10）
林　　久博　　　成蹊小学校（2章2／6／7／13）
日高　和徳　　　清明学園初等学校（4章10／11）
蒔田　敏雄　　　埼玉県川越市立高階小学校（1章4／5／6・2章1／10／14）
山本　茂男　　　森村学園初等部（3章6／7／8／11／12）
百合岡依子　　　トキワ松学園小学校（1章1／2／3）

【編著者紹介】

公益社団法人　日本児童青少年演劇協会
（こうえきしゃだんほうじん　にほんじどうせいしょうねんえんげききょうかい）

演劇教育（表現と鑑賞）を通して，児童青少年の健全な育成をめざし，1948年に学校教育と舞台芸術に関わる人たちによって創立され，2013年社団法人から公益社団法人化された。学校の教師，研究者，劇作家，俳優，スタッフ，地域演劇活動関係者等の個人会員によって構成されている。主な事業として，児童青少年演劇の公演，講演会・各種研修会等の実施，公演助成，教育活動の助成と研究推進，機関紙・出版物の発行，幼児の劇あそび研修会（東京・大阪）等，演劇教育に関する各種事業を実施している。

〔本文イラスト〕木村美穂

全員が参加！全員が活躍！
学級担任のための学芸会指導ガイド

2017年7月初版第1刷刊　Ⓒ編著者　日本児童青少年演劇協会
発行者　藤　原　光　政
発行所　明治図書出版株式会社
http://www.meijitosho.co.jp
（企画・校正）広川淳志
〒114-0023　東京都北区滝野川7-46-1
振替00160-5-151318　電話03(5907)6703
ご注文窓口　電話03(5907)6668

＊検印省略　　組版所　中　央　美　版

本書の無断コピーは，著作権・出版権にふれます。ご注意ください。

Printed in Japan　　　　　　ISBN978-4-18-224013-3
もれなくクーポンがもらえる！読者アンケートはこちらから →